文物安庆

安庆博物馆　编

文物出版社

图书在版编目（CIP）数据

文物安庆：汉、英 / 安庆博物馆编. -- 北京：文物出版社, 2021.7

ISBN 978-7-5010-7090-9

Ⅰ. ①文… Ⅱ. ①安… Ⅲ. ①文物—介绍—安庆—汉、英 Ⅳ. ①K872.543

中国版本图书馆CIP数据核字(2021)第105304号

文物安庆

编　　者：安庆博物馆

装帧设计：刘　远
责任编辑：王霄凡　孙漪娜
责任印制：陈　杰

出版发行：文物出版社
社　　址：北京市东城区东直门内北小街2号楼
邮　　编：100007
网　　址：http://www.wenwu.com
经　　销：新华书店
印　　刷：北京荣宝艺品印刷有限公司
开　　本：965mm × 1270mm　1/16
印　　张：14.25
版　　次：2021年7月第1版
印　　次：2021年7月第1次印刷
书　　号：ISBN 978-7-5010-7090-9
定　　价：380.00元

编委会

总策划

魏晓明

学术顾问

都海江　陈星灿

主　任

张祥安　陈冰冰

副主任

周东明　章　松　陈爱军　张君毅　王爱武　宋圣军　郭家满　张劲松

编　委（按姓氏笔画排序）

王子龙　王启东　石成文　叶　鑫　叶子瑜　吕昭文

朱　强　华鹏飞　刘春旺　苏方军　杨晓俏　肖永生

吴　悦　何成虎　何张俊　余洪波　汪淑琳　陈立民

查文平　姚中亮　郭　中　陶宜生　程春晓

主　编

王爱武

副主编

刘春旺　王子龙　郭　中　肖永生

执行主编

姚中亮　吴　悦

资料整理（按姓氏笔画排序）

丁亚荣　王　坤　王　欣　齐晓荣　孙永丰　李　贞　李　騊

杨允木　吴曦翔　邹轶群　汪　杨　陈　璟　陈惠荣　胡荣贵

姚　达

摄　影

黄　嵬　宋庆新

前　言

安庆位于安徽省西南部，下辖三区七县（市），西北靠大别山主峰，南依长江，皖河从西北向东南流经安庆绝大部分地域。域内山脉绵延，水系纵横，土地肥沃，物产丰富，民风纯朴。

文物是各个民族、城市、地域历史文化的物质载体和见证。数千年来，安庆人民居住在长江北岸、大别山南麓这方热土，创造了独具地域特色的灿烂文明。全市国有文博单位共收藏文物23000余件（套），其中一至三级文物5576件（套）。这些出土及传世的各个时期的历史文物，蕴含着皖山皖水孕育出的优秀文化基因，印证着区域历史文化的厚重与深邃。

安庆是中华文明的发祥地之一。安徽首支考古学文化——薛家岗文化首次发现于潜山县王河镇永岗村的薛家岗遗址，其分布地域以安庆地区为中心。说明早在五六千年前，安庆先民就生于斯、长于斯，创造了灿烂的地域文明。薛家岗遗址出土了大量远古时期先民制造的器物，内涵丰富，特征明显。1985年，在属于薛家岗文化范畴的皖河农场墩头遗址发现的新石器时期石雕人面像，生动地刻画了一个长着络腮胡须的男性面部，这是现存最早的安庆先民形象。薛家岗文化的内涵与崧泽文化、北阴阳营文化、马家浜文化等都有密切的关系，反映了安庆地区历史文化包容性的深远渊源。

安庆也是古皖文化的发源地，被称为“安徽之源”。西周时期在安庆地区出现的皖国，成为后来安徽省简称为“皖”的由来。皖国后被楚国所灭，此后的春秋战国时期，安庆是楚国与吴越两国激烈争夺的重要地域，故安庆自古又有“吴头楚尾”之称。

吴越文化和荆楚文化在安庆的碰撞和交汇，使得春秋战国时期安庆地区的出土文物表现出两种文化融合的现象。例如，安庆博物馆收藏的越王丌北古剑，剑身共有32字鸟篆体铭文，隔字错金，精良而华美。此剑属于越王勾践之孙“丌北古”所有，为典型的越国兵器，但却出土于安庆迎江区王家山战国时期的一座楚式墓，除了越王丌北古剑外，墓中出土的一件青铜鼎亦为越式鼎，也是战国时期楚越文化在安庆地区激烈碰撞的见证。

自此直至近代，由于重要的地理位置，一遇战事，安庆就是战争各方争夺的焦点。明清之际，桐城著名文学家钱澄之的名句“长江万里此咽喉，吴楚分疆第一州”，形象地描述了安庆重要的军事地位。

安庆也是著名的“禅宗圣地”。南北朝时期，禅宗二祖慧可来安庆地区弘扬佛法，卓锡太湖县北的狮子山，又在今岳西县内的司空山传衣钵于三祖僧粲，僧粲在皖公山山谷寺（今潜山天柱山三祖寺）设立道场，并在此传衣钵于四祖道信。此后，五祖弘忍等也曾在安庆传道布法。安庆佛教文化的兴盛不断得到出土文物的印证。例如，本书收录的岳西资福寺塔地宫出土的北宋时期青瓷净瓶、舍利金函等佛教圣物，就是佛教文化在安庆地区历史传承的见证。

宋元时期，随着社会政治经济文化中心的南移，尤其是南宋景定元年（1260年），安庆城在宜城渡重建以后，安庆地区的社会经济文化经历了一个快速发展的阶段。这一时期，安庆出土了大量的瓷器、玉器、金银器等具有极高艺术价值的精美文物。其中，宿松县出土的宋代青白釉仙人吹笙壶、怀宁县出土的宋代青白釉仙人执笏壶、望江县出土的青白釉瓷箫、岳西县出土的元代戏曲人物瓷枕、安庆市区和太湖县出土的元代青花瓷、安庆市区范文虎墓出土的玉器和金银器等，造型独特、工艺精湛，尤为珍贵，出土后均产生了广泛的社会影响。

值得一提的是，岳西县和安庆市区分别出土了一件元代戏剧人物瓷枕，尤其是岳西县出土的瓷枕，制作繁缛精美，生动表现了元代戏剧艺术的面貌，是安庆地区戏剧艺术传统的物化载体，也是安庆作为"戏剧之乡"的历史证物。

元朝尚书右丞范文虎曾任南宋安庆知府，安庆至今仍流传着很多与之相关的传说。其与妻陈氏的合葬墓于1956年发现于安庆市区棋盘山。文物工作者发掘清理了大量金银器、玉器、铁器、青铜器、瓷器等文物，共五百余件。其中虎纽玉押、螭纹贯耳玉壶、玉带等，玉质温润，精美绝伦，成为判断元代同类型器物的标准器，虎纽玉押也是目前国内唯一有出土地点和确切纪年的玉押。范文虎墓的考古发掘被列为安徽省重要考古成果之一。

明清时期，安庆地区文风昌盛，书院林立，以桐城为中心的"桐城文派"影响深远，名震全国。据统计，明清时期，安庆府共出进士481人。安庆地区馆藏明清文物精品以书画藏品为大宗，其中包括方以智、赵文楷、张英、邓石如、姚鼐、吴汝纶、姜筠、郑珊、郑琳、萧愻、陈衍庶等地方名家的代表作品。这些书画藏品亦为明清时期安庆地区崇文重教、名人辈出现象的见证。

康熙六年（1667年），安徽正式建省，此后直到1949年，安庆是安徽省省会，尤其在近代，安庆成为影响中国近代历史进程的重要地区。这时期安庆馆藏近代文物精品除陈独秀等名人书画外，还有太平天国良民牌、地契、砝码、兵器等文物，其中太平天国圣库砝码为全国唯一的太平天国衡器，弥足珍贵。

习近平总书记指出："历史文化遗产不仅生动述说着过去，也深刻影响着当下和未来；不仅属于我们，也属于子孙后代。保护好、传承好历史文化遗产是对历史负责、对人民负责。我们要加强考古工作和历史研究，让收藏在博物馆里的文物、陈列在广阔大地上的遗产、书写在古籍里的文字都活起来，丰富全社会历史文化滋养。"

2020年，总投资约3.7亿元的安庆博物馆建成对外开放，总建筑面积40034平方米，其中展陈面积11368平方米，规模宏伟，功能齐全。这是安庆文博事业发展的里程碑，也是安庆博物馆事业新征程的起点。安庆市公共文化服务体系得到了健全，更好地惠及于民；一些流散在民间的历史文物得到了征集，与大批原先存放在博物馆库房、"养在深闺人未识"的馆藏文物一起得到了利用，向观众展示着安庆的历史发展进程和迷人的文化魅力。

安庆博物馆新馆开馆之初，首次举办了"安庆文物精品"临时展览，展览荟萃了安庆市直及所辖县（市）国有文博单位收藏的二百余件文物精品，得到了广大市民和外地观众的一致好评，观者如潮。为了进一步宣传安庆博物馆新馆和安庆历史文物精华，市委市政府决定将安庆地区出土及馆藏文物精品结集出版，希望读者通过欣赏、了解安庆悠久灿烂的地域文明，爱上这方热土；也希望这些独具安庆特色的历史遗珠，给读者带来一份独特的启迪与收获。

编　者

2021年6月

Preface

Anqing, which includes six counties and one city, is located in the southwest of Anhui Province. It is bounded on the northwest by the main peak of Dabie Mountain and on the south by the Yangtze River. The Wanhe River flows through most of Anqing from northwest to southeast. Anqing boasts vast mountain ranges, vertical and horizontal river systems, fertile soil with great produce and original folk customs.

Cultural relics are the material carriers and witnesses of the history and culture of various nations, cities, and regions. For thousands of years, the people of Anqing have lived on the northern bank of the Yangtze River and the southern foot of the Dabie Mountains, creating a splendid civilization with unique regional characteristics. According to the results of the first national census of movable cultural relics published in 2016, the city's state-owned cultural relic museums have collected more than 23,000 cultural relics (sets), of which 5576 are precious cultural relics (sets) of Grade I to III. These unearthed and handed down historical cultural relics of various periods are condensed with the excellent cultural genes nurtured by the mountains and rivers of Anhui, and confirm the profoundness of the regional history and culture.

Anqing is one of the birthplaces of Chinese civilization. Anhui's first archaeological culture, Xuejiagang Culture, was first discovered at the Xuejiagang site in Yonggang Village, Wanghe Town, Qianshan County, and its distribution area is centered on the Anqing area. It showed that as early as five or six thousand years ago, the ancestors of Anqing were born and grew up here, creating a splendid regional civilization. A large number of artifacts made by the ancestors of Anqing in ancient times were unearthed from the Xuejiagang site, which were full of rich connotations and obvious characteristics. In 1985, the Neolithic stone human face discovered at the Duntou site of Wanhe Farm, which belongs to the Xuejiagang culture, vividly depicts a male face with a beard. This is the earliest surviving image of Anqing ancestors. The connotation of Xuejiagang culture is closely related to Songze culture, Beiyinyangying culture, Majiabin culture, etc., which reflects the profound origin of the historical and cultural inclusiveness of Anqing area.

Anqing is also the birthplace of ancient Anhui culture and is known as the "source of Anhui". The name of the kingdom of Wan which appeared in Anqing during the Western Zhou Dynasty, became the origin of Anhui Province's abbreviated "Wan". After destroyed by Chu, Anqing became an important area that Chu and Wuyue competed fiercely with in the Spring and Autumn and Warring States period. Therefore, Anqing has been known as *the head of Wu and the tail of Chu* since ancient times.

The collision and exchange of Wuyue culture and Jingchu culture in Anqing endowed the unearthed cultural relics in Anqing during the Spring and Autumn Period and Warring States Period with the fusion of the two cultures. For example, the Yuewang Jibei Ancient Sword collected by Anqing Museum has a 32-character Niao-Zhuan inscription on the sword body. This sword was inlaid with gold in every other word, which is exquisite and gorgeous. The sword belongs to the grandson of the King of Yue Goujian, *Jibei Gu*. It is a typical Yue Kingdom weapon, but it was unearthed in a Chu tomb during the Warring States Period in Wangjiashan, Yingjiang District, Anqing. In addition to the Yuewang Jibei ancient sword, the other unearthed bronze ware(an ancient cooking vessel *Ding*) from the tomb is also full of Chu character, which is a testimony of the fierce collision of Chu culture and Yue culture in Anqing during the Warring States Period.

Since then until modern times, Anqing was the focus of all parties in the event of a war, due to its important geographical location. During the Ming and Qing Dynasties, Qian Chengzhi, the famous writer in Tongcheng, said that *Anqing is the throat of the Yangtze River which stretches for thousands of miles, and the first state that divides Wu and Chu*. These words vividly showed Anqing's important military status.

Anqing is also a famous *Zen Sacred Land*. During the Northern and Southern Dynasties, Hui Ke, the second ancestor of Zen, came to Anqing area to promote Buddhism and hold Taoist rites in the Lion Mountain in the north of Taihu County. Then he passed down his mantle to Cengcan in Sikong mountain of Yuexi County. Cengcan set up a bodhimanda in Shangu Temple in Wangong Mountain(now Sanzu Temple in Tianzhu Mountain), and passed down the mantle here to Taoxin. Since then, the fifth generation Hongren and others have also preached in Anqing. The prosperity of Anqing's Buddhist culture has been continuously confirmed by unearthed cultural relics. For example, celadon jars in the Northern Song Dynasty, Buddhist relics in golden containers and other Buddhist holy relics unearthed from the Pagoda Palace of Zifu Temple in Yuexi are witnesses to the inheritance of Buddhist culture in the Anqing area.

During the Song and Yuan Dynasties, as the social, political, economic and cultural center moved to the south, especially in the first year of Jingding in the Southern Song Dynasty (1260), Anqing experienced a stage of rapid development in society, economy and culture after the reconstruction of Yichengdu. A large number of exquisite cultural relics with extremely high artistic value , such as porcelain, jade, gold and silver,were unearthed in Anqing in this period, including the the Song Dynasty white celadon glazed pot featuring a man blowing Sheng unearthed in Susong County, the Song Dynasty white celadon glazed pot featuring a man holding a Hu (the hand board held by the ministers of ancient China) unearthed in Huaining County, the white celadon glazed porcelain Xiao (a vertical bamboo flute) unearthed in Wangjiang County, the opera figure porcelain pillow of the Yuan Dynasty unearthed in Yuexi County, the blue and white porcelain of the Yuan Dynasty unearthed in the urban area and Taihu County, and the jade and gold and silver ware unearthed from Fan Wenhu's tomb in the urban area of Anqing. These cultural relics are unique in shape and exquisite in craftsmanship, exerting a widespread social effect.

It is worth mentioning that 2 porcelain pillows featuring opera figures of Yuan Dynasty was unearthed in Yuexi County and Anqing City respectively. Especially the porcelain pillow unearthed in Yuexi County is extremely exquisite, representing drama art of Yuan Dynasty. It is the materialized carrier of the drama art tradition in Anqing and also the historical evidence of Anqing as the *land of drama*.

Fan Wenhu, Shang Shu You Cheng of the Yuan Dynasty, was the governor of Anqing in the Southern Song Dynasty. Many legends related to him have been still spread in Anqing. The tomb of his and his wife Chen was discovered in Qipanshan, Anqing city in 1956. Cultural relics workers excavated and cleared a large number of cultural relics such as gold and silver, jade, iron, bronze, and porcelain, totaling more than 500 pieces, including tiger-shaped jade seal , dragon-patterned jade pot, jade belt, etc. The warm and exquisite jade becomes the standard tool for judging the same type of artifacts of the Yuan Dynasty. Tiger-shaped jade seal is currently the only one that has a certain site and a precise unearthed date. The excavation of Fan Wenhu's tomb was listed as an important archaeological achievement in Anhui Province.

During the Ming and Qing Dynasties, literature developed prosperously in Anqing and many Shuyuan(academies) were built here. The *Tongcheng School of Literature* centered on Tongcheng had a far-reaching influence and was famous throughout the country. According to statistics, there were a total of 481 scholars from Anqing Prefecture during the Ming and Qing Dynasties. The collection of Ming and Qing cultural relics in Anqing area is a large number of calligraphy works and paintings, including exquisite representative works by Fang Yizhi, Zhao Wenkai, Zhang Ying, Deng Shiru, Yao Nai, Wu Rulun, Jiang Yun, Zheng Shan, Zheng Lin, Xiao Xun, Chen Yanshu and other local masters. These paintings and calligraphy collections are also a reflection and testimony of the appearance of famous people and the atmosphere emphasizing education in Anqing during the Ming and Qing Dynasties.

In the 6th year of Kangxi (1667), Anhui formally became a province. From then on until 1949, Anqing was the capital of Anhui Province. Especially in modern times, Anqing became an important region that influenced the process of modern Chinese history. In addition to paintings and calligraphy of celebrities such as Chen Duxiu, the Anqing Museum's collection during this period also includes Liangmin plates, land deeds, weights, weapons and other cultural relics of Taiping Heavenly Kingdom.

General Secretary Xi Jinping pointed out: *Historical and cultural heritage not only vividly tells the past, but also profoundly affects the present and the future; it belongs not only to us, but also to future generations. To protect and inherit the historical and cultural heritage is responsible for history and the people. It is necessary to strengthen the archaeological work and historical research, so that the cultural relics collected in the museum, the heritage displayed on the vast land, and the words written in the ancient books will be all alive, and enrich the history and culture of the whole society.*

In 2020, the Anqing Museum with a total construction area of 40034 square meters and a total investment of about 370 million yuan was completed and opened to the outside world. The total exhibition area is 11,368 square meters, which is majestic and fully functional. This is a milestone in the development of Anqing's cultural relics and museum career and the starting point of a new journey for Anqing's museum. The city's public cultural service system has been improved to better benefit the people; some historical cultural relics scattered among the people, together with a large number of cultural relics that were previously stored in the museum's warehouse and were never exhibited before, have been collected for protection and showed the audience the historical development process of Anqing and its charming culture.

At the beginning of the opening of the new Anqing Museum, a temporary exhibition of *Anqing Cultural Relics* was held for the first time. The exhibition gathered more than 200 cultural relics collected by Anqing and other counties' or cities' state-owned cultural relics museums. This exhibition attracted a large audience and received unanimous praise from the general public and foreign visitors. In order to further promote the new Anqing Museum and the Anqing historical cultural relics,

Municipal Party Committee and Municipal Government decide that the collection of exquisite cultural relics unearthed and collected in Anqing area is going to be published with the aim of attracting readers to fall in love with this land through appreciation and understanding of Anqing's long and splendid regional civilization; and they also hope these unique historical *pearls* of Anqing will bring readers a special enlightenment and harvest.

Compiler

June 2021

文物安庆

Cultural Relics in Anqing

目录

Contents

玉石器

Jade and Stone

Cultural Relics
in
Anqing

十三孔石刀

新石器时代
安徽省文物考古研究所藏
长 51.6、宽端宽 11.6、窄端宽 9、最厚 0.6、孔径 1 厘米
1979 年安徽省安庆地区潜山县薛家岗遗址墓葬出土

长条形。器体扁薄，一端稍窄，一端略宽，刃部锋利，近背处有一排十三个单面穿孔，用于安装长木柄，孔上方原绘有红色带状纹饰，大部分脱落。此石刀是薛家岗遗址出土石刀中最长者，也是目前我国新石器时代遗址中发现的唯一一件十三孔石刀，是研究新石器时代生产力发展水平的重要实物资料。

多孔石刀是薛家岗文化最有代表性的器物之一，造型规整，穿孔数目多为 3 ~ 13 的奇数。关于多孔石刀的用途，目前存争议，主要有农具说、礼器说、兵器说等。

单孔石铲

新石器时代
望江县博物馆藏
长 17.5、刃宽 13、厚 0.4、孔径 1.4 厘米
1977 年安徽省安庆地区望江县码头城遗址采集

器体扁平，呈“风”字形。顶部平直，两边斜直，刃部较宽，锋利。顶端有一个对钻孔。呈浅灰色，微泛黄，上有褐色斑点，通体磨光，制作精美。

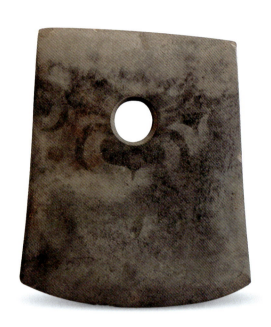

彩绘石钺

新石器时代
安徽博物院藏
长 13.4、刃宽 11.5、厚 1、孔径 2.5 厘米
1979 年安徽省安庆地区潜山县薛家岗遗址出土

器体扁平，呈“风”字形。顶面及两侧均磨制平整，弧刃，刃口锋利而完整。上端中间有一个对钻孔。整体呈青灰色，孔周围正背两面均绘红色花果形图案。

玉钺

新石器时代
宿松县博物馆藏
长 14、刃宽 10.4、厚 1.4、孔径 3 厘米
1979 年安徽省安庆地区宿松县原程岭公社杨辛坂古文化遗址出土

器体扁平，平面呈圆角梯形。顶部两侧磨圆无锐角，弧刃，刃口锋利。距顶端2厘米处有一个对钻孔。乳白色泛黄，器表光洁，琢制精细。

玉钺

新石器时代
望江县博物馆藏
长 19.7、刃宽 7.9、厚 0.4、孔径 1.6 厘米
1984 年安徽省安庆地区望江县古炉乡增发村戴家墩遗址采集

器体扁平，平面呈长方形。顶端微弧，近顶端三分之一处有一个对钻孔。两面磨刀。整体呈青灰色。

齿纹玉璜

新石器时代
太湖县博物馆藏
璜通长 16.1、宽 5.35、厚 0.52 厘米，芯直径 2.66、厚 0.57 厘米
1991 年 3 月安徽省安庆市太湖县城西乡金平村界子墩遗址出土

半璧形。正面微凸，背面平整，外缘较中间薄，刻有弦纹及齿纹。两端靠内侧各钻一小孔。整体呈乳白色，间有青色斑点和红丝，形制规整，磨制精致。出土时，玉璜中心置有一圆形玉芯，上有一单面钻孔，两者为配套饰物。

玉璜

新石器时代
望江县博物馆藏
通长 11.1、宽 1.4、厚 0.85 厘米
1997 年安徽省安庆市望江县新桥乡黄家堰遗址出土

白玉质。扁平弧形，两端有钻孔。制作精巧，玉质莹润，满布黄色沁。

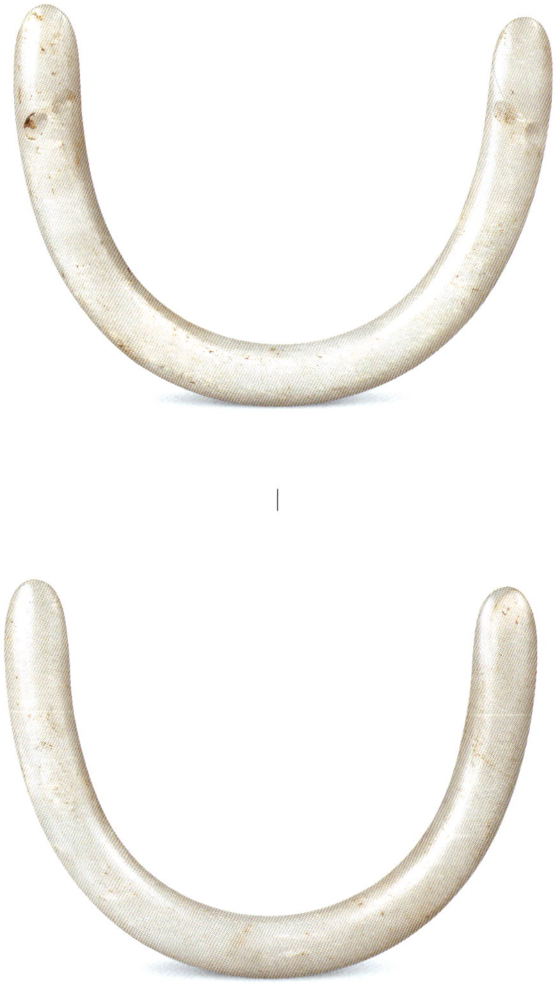

弓形白玉璜

新石器时代
太湖县博物馆藏
通长 13.9、宽 1.65、厚 1.2 厘米
1980 年安徽省安庆地区太湖县徐桥镇墩上遗址出土

器体扁平，呈弓形。中间厚，向两端逐渐收薄。两端圆钝扁平，一面有牛鼻形钻孔。通体白色泛青，打磨光滑，晶莹润泽。此玉璜玉质坚硬，形制独特，较为罕见。

玉环

新石器时代
望江县博物馆藏
外径 5.9、内径 5.5、厚 0.8 厘米
1997 年征集

环状，横截面呈半圆形。通体呈鸡骨白，满布黄褐色沁斑。

玉环

新石器时代
望江县博物馆藏
外径 8.5、内径 5.7、高 4.1 厘米
1985 年征集

圆筒状，一面倾斜不平。受沁后色彩斑驳，通体磨光。

玉玦

新石器时代
太湖县博物馆藏
外径 5、内径 2.3、厚 0.53 厘米
1980 年安徽省安庆地区太湖县徐桥镇墩上遗址出土

青玉质。环状，有一缺口。造型规整，通体磨光，局部有褐色沁，为耳饰。

煤精石玦

新石器时代
安庆博物馆藏
外径 2.8、内径 1.3、厚 0.4 厘米
1993 年安徽省安庆市神墩遗址采集

煤精石质。环状，有一缺口，素面无纹，外缘经斜向打磨。通体磨光，为耳饰。

石雕人面像

新石器时代
安庆博物馆藏
宽 3.5、高 4、厚 1.5 厘米
1985 年 7 月安徽省安庆市皖河农场墩头新石器遗址采集

白色花岗岩质。椭圆形。正面隆起，刻一男性面部形象，眼、鼻、口、耳、胡须俱全，朴拙生动。背面平，上方为牛鼻形钻孔。这种带穿孔的史前小型石雕人面像目前较为罕见，对于研究原始宗教和图腾崇拜具有重要意义。

绞索纹白玉环

战国时期
潜山市博物馆藏
外径 4、内径 2、厚 0.4 厘米
1994 年 4 月 4 日安徽省安庆市潜山县彰法山出土

环状。两面饰绞索纹。整体呈乳白色，有褐色沁斑，制作规整精美。

涡纹玉环

战国时期
潜山市博物馆藏
外径 6.4、内径 3.2、厚 0.4 厘米
2003 年安徽省安庆市潜山县彰法山夏家包出土

青玉质。环状，两面均阴刻涡纹。内外各有一道凹弦纹，将窄素缘与主纹饰分隔。质地温润。

虎纽玉押

元代
安徽博物院藏
长 3.6、宽 3.4、通高 2.5 厘米
1956 年安徽省安庆市棋盘山范文虎墓出土

青玉质，略呈方形。虎纽，虎为卧式，俯首盘尾，两目向前平视。印面为剔地阳文花押。押是古代文书契约上所签的名字或所画符号。元代陶宗仪《南村辍耕录》中有“蒙古色目人之为官者，多不能执笔画押，例以象牙或木刻而印之”的记载。在元代，玉押为特赐之物，非高官不得使用。范文虎原为南宋殿前副都指挥使、知安庆府，后降元，官至尚书右丞，卒于元大德五年（1301 年），其夫人卒于大德九年（1305 年）。墓中出土虎纽玉押、玉贯耳壶、玉霞帔坠等一批玉器，纪年明确，为断代标准器。

玉贯耳壶

元代
安徽博物院藏
口长径 3.2、口短径 2.7、腹围 15.4、底长径 4.2、底短径 2.6、通高 7 厘米
1956 年安徽省安庆市棋盘山范文虎墓出土

壶体扁圆，有盖。口沿较平，长颈，颈两侧各有一个纵向中空的贯耳，用以穿绳，垂腹，圈足略外撇。盖顶以阴线雕琢一只蟠螭，颈腹间饰三道凸棱。此壶玉质晶莹温润，设计典雅，造型规整，做工精细，纹饰线条流畅，刻画生动。为目前所知元代出土玉壶中的精品。

玉霞帔坠

元代
安徽博物院藏
宽 5.4、通高 8.7、厚 0.8 厘米
1956 年安徽省安庆市棋盘山范文虎墓出土

整体呈心形，由三组构件组成。上有活环，活环底部磨平，有一梅花形孔。心形坠顶部磨平，亦有一梅花形孔。坠与活环之间由一梅花形栓柱连接，可分可合。玉质细腻剔透，活环和连接的梅花形栓柱的构思极为巧妙，展现了元代精湛的工艺水平。活环是我国玉雕工艺中一种独特的技术，早在商代即已出现。江西新干大洋洲遗址出土的商代活环玉羽人即是早期活环玉器的代表。

八骏图玉牌

明代
安庆博物馆藏
宽 2.7、高 5.8、厚 1.2 厘米
1973 年安徽省安庆市卫东公社民主大队出土

青玉质。长方形，四角呈弧形，上部有一个对钻圆孔，钻痕明显。一面为巧色浅浮雕“八骏图”，另一面阴刻楷书《梅花曲》一首：“鸣笛生林落日尘，关山云月正愁人，如何不作梅花曲。”

“寿”字纹玉牌

清代
安庆博物馆藏
宽 4.5、高 6.1、厚 1.2 厘米
1973 年安徽省安庆市卫东公社民主大队出土

青玉质，泛白色。长方形。中间为一篆书“寿”字，左右和上下分别透雕卷草龙、灵芝和蝙蝠、蝴蝶等纹样。构图严谨，整器满幅排列，上下左右四方纹样衔接自然，图案互相对称呼应。统一而不单调，繁复而不杂乱。

龙首螭纹玉带钩

清代
安庆博物馆藏
长 8、宽 1.6、高 1.9 厘米
1973 年安徽省安庆市卫东公社民主大队出土

白玉质。整体呈大龙驮小龙造型。龙首形钩首，钩背呈琵琶形，钩背上伏有一小螭。龙首张口露齿，额顶微隆，双角竖立，与钩背上的小螭相望。螭为独角，作低伏扭动状，尾部分叉。钩底有一椭圆形素面纽。玉带钩原为束衣用品，最早见于良渚文化时期，盛行于战国时期至汉代，东汉以后趋于衰落。龙首螭纹玉带钩有“苍龙教子”的寓意，多见于元明清时期。

青玉卧牛

清代
安庆博物馆藏
通长 7.8、最宽 3.7、通高 1.7 厘米
1984 年 12 月安徽省安庆市十里乡五里村侯冲队清墓出土

青玉质。屈卧，头部微上扬，双角贴于后背，牛尾甩向左侧，富于动感。眼呈杏仁状，神态安详。玉质较润，满布白色沁，造型规整，生动传神。

玛瑙鼻烟壶

清代
安庆博物馆藏
口径 1.9、高 6.2 厘米
1973 年安徽省安庆市卫东公社民主大队出土

灰玛瑙质。壶身呈扁圆形，直口，溜肩，椭圆形浅圈足。肩部饰一对浅浮雕铺首衔环形耳，铺首为狮首形，雕工精细。整器圆润饱满，做工端庄工整，内置一细长尖首象牙小匙。

“元年状元及第”云蝠纹寿山石印

清代
太湖县博物馆藏
印面边长 7.15、高 15 厘米
1985 年征集

寿山石，浅褐色。整体呈方柱状。印面阳刻篆书“元年状元及第”六字。印首浮雕祥云和六只蝙蝠。为嘉庆元年（1796 年）状元赵文楷用印。

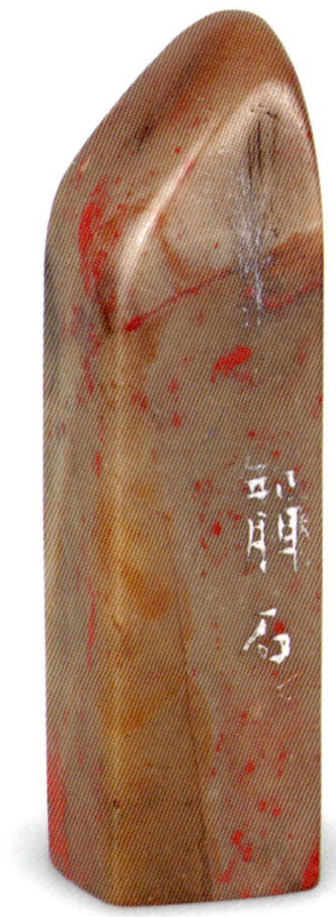

“磊翁”鸡血石印

清代
桐城市博物馆藏
印面边长 1、高 3.8 厘米
2001 年安徽省安庆市桐城市张祖翼后人捐赠

整体略呈方柱状。印面阴刻篆书“磊翁”二字，边款为阴刻楷书“聋石”二字。张祖翼（1849~1917年），字逖先，号磊盦。安徽桐城人。因寓居无锡，又号梁溪坐观老人。近代著名书法家、篆刻家和金石收藏家。篆宗石鼓、钟鼎，隶法汉碑，制印师法邓石如，亦工行、楷书。与吴昌硕、高邕、汪洵同称“海上四大书法家”。此印为张祖翼自用印之一，印文简练，遒劲爽利，浑朴古雅，体现了其深厚的书法功力和金石学造诣。桐城市博物馆藏张祖翼《临史晨碑》《节临鲁峻碑》两件作品均钤有此印。因张祖翼有“五十以后号磊翁”白文印一方，可知此为其晚年用印。

铜器

Bronze Ware

Cultural Relics
in
Anqing

“父辛”爵

商代
太湖县博物馆藏
柱间距 5.8、通高 20 厘米
1985 年安徽省安庆地区太湖县牛镇区刘畈乡出土

曲口，前有流，尖尾上翘，口沿两侧各有一菌状柱，卵圆形深腹，腹侧有一带状半环形鋬，三棱锥足外撇。柱顶饰涡纹，鋬首饰兽首纹，腹部饰一周兽面纹，上下各以一周圆圈纹为界栏，每组兽面纹周围用云雷纹间隔。鋬所在一侧，器腹铸铭文“父辛”二字。

兽面纹爵

商代
望江县博物馆藏
柱间距 6.5、通高 19.5 厘米
2006 年安徽省安庆市望江县赛口镇南畈村出土

曲口，窄槽流，尖尾上翘，口沿两侧各有一菌状柱，卵圆形深腹，腹侧有一带状半环形鋬，三棱锥足外撇。柱顶饰涡纹，腹部饰一周兽面纹。鋬所在一侧器腹铸铭文“酉”字。

兽面纹扁足鼎

商代
望江县博物馆藏
口径 13、通高 13.5 厘米
2006 年安徽省安庆市望江县赛口镇南畈村出土

折沿，双立耳微撇，半球形腹，圜底，三兽形扁长足。上腹部饰一周兽面纹带，兽面以六道扉棱为中心线或边缘线，足部饰夔龙纹。内壁饰一徽记，徽记上部呈“尖足布”形，下部为一人形。

兽面纹铙

商代
安徽博物院藏
甬残长 5、舞广 18.7、舞修 31、鼓间 27、铣间 41.2、通高 41.5 厘米
1955 年安徽省安庆专区潜山县出土

整体呈合瓦状。甬残，中空，与腔体相连。两面纹饰相同，钲部左右各饰一组细线卷云纹，配以两枚乳丁为眼的兽面纹，内填圆圈纹。台部饰两组对称的卷云纹。此铙形体厚重，重达43.5千克。纹饰简洁明快，为越式器，与中原地区的同时代器物风格迥异。

饕餮纹鼎

西周
宿松县博物馆藏
口径 16、腹径 17.8、通高 19.5 厘米
1994 年安徽省安庆市宿松县程岭乡（原乔木公社）邵立山水泥厂后山出土

口微敛，折沿，双立耳，深腹，圜底，三柱形足。上腹饰一周饕餮纹，下腹素面。

夔龙纹鼎

西周
安庆博物馆藏
口径 16.3、腹径 17、通高 16.4 厘米
1988 年征集

直口，折沿，双立耳，浅圆腹，圜底，三蹄形足。耳外侧饰戳刺纹和凹弦纹，耳内侧饰戳刺纹和简化鸟纹，腹部饰一周夔龙纹。

兽面纹尊

西周
潜山市博物馆藏
口径 19.5、腹径 13.1、底径 13.8、高 21.5 厘米
1973 年 10 月安徽省安庆地区潜山县彰法山盐业公司院内出土

侈口，束颈，鼓腹，高圈足外撇。腹中部满饰兽面纹，两侧饰凤鸟纹。

云雷纹甬钟

西周
太湖县博物馆藏
甬长 12、舞广 15.3、舞修 19.8、鼓间 17、铣间 24.5、通高 42 厘米
2008 年 5 月 13 日安徽省安庆市太湖县弥陀镇界岭村砖厂取土时发现

整体呈合瓦状，腔内广平。甬中空，上有环状旋，旋上有斡。舞部饰云雷纹，鼓和篆之间饰细阳线云纹，钲部和篆部以小乳丁纹为界格，两面各有乳状枚六组，每组三颗。

蝉纹鼎

春秋时期
怀宁县博物馆藏
上：口径 29.5、通高 27.2 厘米
下：口径 29.9、通高 28.2 厘米
1982 年安徽省安庆地区怀宁县金拱乡杨家牌出土

2件，成对出土。口微敛，折沿，双立耳外撇，腹微鼓，圜底，三蹄形足。耳外侧和上腹饰方格云纹，上腹以两周凸弦纹为界栏。下腹饰变体蝉纹，蝉眼为乳丁。腹上下各饰六道扉棱。底部留有烟炱痕迹。

交龙纹鼎

春秋时期
桐城市博物馆藏
口径 28.1、通高 25.8 厘米
1987 年安徽省安庆地区桐城县范岗出土

口微敛，折沿，双立耳外撇，浅腹，圜底，三蹄形足。耳部饰点线纹，上腹饰一周两龙相交的交龙纹，下腹饰一周凸弦纹。内壁底部有一鸟形徽记。

牺鼎

春秋时期
怀宁县博物馆藏
口径 20.8、腹径 23.3、通高 27.9 厘米
1982 年安徽省安庆地区怀宁县金拱公社人形大队杨家牌出土

整体呈兽形。宽折沿，双附耳，垂腹圆鼓，三蹄形足。一侧作兽首状，双目凸鼓，口部两侧有类似马镳的凸起，头上有一对角，角上饰重环纹。另一侧的下腹部有卷曲的兽尾，上饰云纹。耳部饰带状戳刺纹，上腹饰一周蟠螭纹。造型优美，形制独特。牺鼎又称兽首鼎，主要出土于长江以北、淮河以南的舒城、庐江、怀宁等地。

蟠螭纹方座豆

春秋时期
桐城市博物馆藏
盘口径 25.2、高 17 厘米
1994 年安徽省安庆市桐城县天城中学出土

敞口，柄和底座为方形，柄两侧有环状龙形双耳。豆盘上腹饰蟠螭纹，下腹饰蝉纹，豆柄和底座亦饰蟠螭纹，蟠螭纹内填勾连云纹。龙形双耳饰夔纹，内填戳刺纹。

双系三足壶

春秋时期
安庆博物馆藏
口径 7.5、腹径 14.7、底径 8.8、高 14.8 厘米
1990 年 10 月 2 日安徽省安庆市大枫乡黄花村春秋墓出土

直口，颈部粗长，丰肩，鼓腹，两侧肩上各有一玉璧形立耳，平底，三蹄形足。耳外侧饰三道弦纹，耳两面饰三角形纹，余皆素面。

兽耳罍

春秋时期
桐城市博物馆藏
口径 22、腹径 40、底径 22、高 41 厘米
1994 年安徽省安庆市桐城县高桥镇长岗村出土

侈口，束颈，折肩，斜腹弧收，肩腹相交处有对称的兽首形双耳，高圈足外撇。耳部饰云雷纹，肩部饰四组浮雕涡纹，腹部饰变形兽面环带纹，圈足饰斜角云纹。

“S”形纹提梁盉

春秋时期
安庆博物馆藏
盖径 12.5、口径 11.5、腹径 22.5、通高 28.8 厘米
1990 年 10 月 2 日安徽省安庆市大枫乡黄花村春秋墓出土

盖平顶。盉身短直颈，扁鼓腹，夔龙形提梁，兽首形短曲流，三兽面蹄形足。盖顶饰两道弦纹。腹部饰“S”形纹，以三道凸起的绳纹间隔。流饰蟠虺纹和云雷纹，腹部与流相对的一侧饰扁宽扉棱。夔龙形提梁一端有圆锥形双角，角上饰螺旋纹，龙身亦布满“S”形纹，背部有对称的双鳍，上饰蟠螭纹，尾部卷曲。该提梁盉造型新颖，纹饰繁缛，细节丰富而生动。

窃曲纹提梁盉

春秋时期
潜山市博物馆藏
盖径 11.3、口径 21.6、腹径 20.3、通高 24 厘米
1994 年安徽省安庆市潜山县梅城镇七里村合九铁路施工工地出土

盖平顶，上有一半环形纽。盉身短直颈，扁鼓腹，龙形提梁，龙首形曲流，圜底，三蹄形足。腹中部饰一周窃曲纹带。提梁与流均上部饰重环纹，下部饰鳞纹。腹部和提梁上与流相对的一侧饰扉棱，扉棱由若干卷云纹组成。

曲柄龙首盉

春秋时期
潜山市博物馆藏
口径 14、通高 22.7 厘米
1994 年安徽省安庆市潜山县梅城镇七里村黄岭段合九铁路工地出土

盉身似甗，上部侈口，折腹，束腰，下腹渐收；下部为鬲形，三空心袋状足。短管形流，长柄弯曲，柄首为龙形，作回首状。此类铜盉造型独特，与中原地区同类器有显著区别，主要出土于安徽省江淮之间的舒城、肥西、寿县、怀宁、潜山、六安等地。

弦纹连体甗

春秋时期
潜山市博物馆藏
口径 19.4、通高 28 厘米
1994 年安徽省安庆市潜山县七里村黄岭合九铁路施工工地出土

甗鬲连体。上部的甗敛口，折沿，双立耳，上腹微折，下腹弧收。下部的鬲圆肩，弧裆，三空心袋状足。甗腹部饰两道凸弦纹，中间饰一阴刻直立人形纹，余皆素面。

“S”形纹盆

春秋时期
安庆博物馆藏
口径 20、腹径 20.2、底径 14.2、高 8.4 厘米
1990 年 10 月 2 日安徽省安庆市大枫乡黄花村春秋墓出土

2件，形制、尺寸基本相同。直口，折沿，口沿下微内收，上腹微折，下腹弧收，平底。腹部由折凸处分为上下两部分，折凸处上下各饰一条凸起的粗绳纹，上腹和下腹上部饰双线“S”形纹，下腹下部饰三角云纹。胎体较厚，腹至底有纵向范线。出土时两件铜盆叠放。

蟠螭纹匜

春秋时期
怀宁县博物馆藏
口径 9.1、通长 54.2、通宽 30.7、流口宽 8.7、通高 31.4 厘米
1982 年安徽省安庆地区怀宁县金拱公社人形大队杨家牌出土

折沿，流微翘，椭圆形腹，龙形鋬，鋬内侧有出气孔，三蹄形足。鋬饰重环纹，龙首衔口沿作饮水状，尾部卷曲。流和上腹饰一周蟠螭纹带，下腹饰六道凸弦纹。

射礼镞

春秋时期
安庆博物馆藏
残长 10.7、铤残长 6.8 厘米
1990 年 10 月 2 日安徽省安庆市大枫乡黄花村春秋墓出土

整体略呈收束的伞形。无翼，无刃，圆头，顶端有圆锥形凸起，中部束腰，下端外撇，尾部有截面为正方形的长铤。镞身铸造时采用减地的手法，间错饰以弦纹、曲折纹及三角形锯齿纹。铤外部原包裹白泥和漆皮，出土时大多已脱落。该镞造型奇特，目前国内罕见，铸造精细，制作工艺独特，应为射礼用镞。

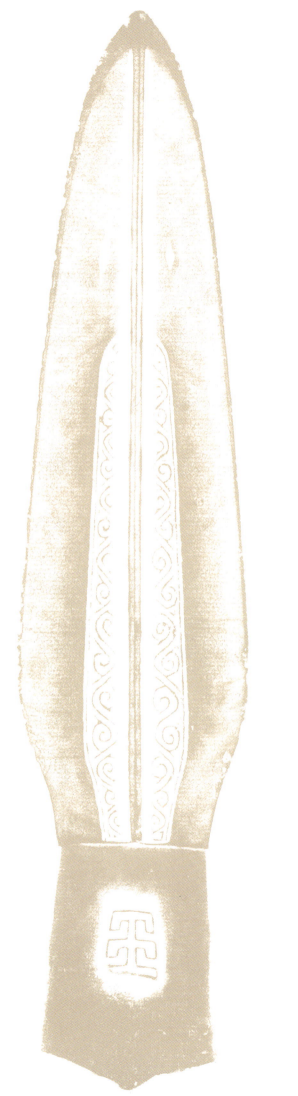

“王”字纹矛

春秋时期
安庆博物馆藏
通长 26、骹部长 5.7 厘米
1990 年 10 月 2 日安徽省安庆市大枫乡黄花村春秋墓出土

宽体窄刃，中起高脊，两侧略凹，中脊两边饰两条勾连云纹带。矛体正面两侧有两个菱形血槽。骹体横截面呈椭圆形，正面有一双勾篆体“王”字，骹口呈弧形。该矛质地精良，制作精细，纹饰清晰。

菱形花纹剑

春秋时期
安庆博物馆藏
通长 60、茎长 9.3、剑首径 4.2、剑格宽 5.2 厘米
1990 年 10 月 2 日安徽省安庆市大枫乡黄花村春秋墓出土

圆首，长茎中空，上有双箍，箍面饰勾连蟠虺纹，剑格饰兽面纹，镶嵌绿松石。剑身中部起脊，窄刃，锋尖锐，近锋处略收狭。剑身有清晰而规则的菱形花纹，线条交叉处呈斑块状。此剑铸造精美，纹饰精细，剑身光滑无凹凸感，应为化学成分腐蚀而成。

双蛇纹铎

春秋时期
安庆博物馆藏
銎长 1.8、舞广 4.7、舞修 5.8、鼓间 6、铣间 7.3、通高 7.9 厘米
1990 年 10 月 2 日安徽省安庆市大枫乡黄花村春秋墓出土

整体呈合瓦状。方形銎，銎纵剖面呈梯形，浅弧形口。銎外壁口沿饰一周绳纹，余部以曲折纹为地纹，双蛇纹为主纹。钲部素面，舞部饰云雷纹。胎体较厚，器型规整小巧，纹饰精细工整，为先秦时期的军乐器。

四联鼎

战国时期
安徽博物院藏
单鼎口径 10.8、通高 15.5 厘米
1972 年 8 月安徽省安庆地区太湖县长河水利工程指挥部出土

由四个腹部相连的子母口盖鼎而组成。圆形拱盖，盖顶中心有小纽，周围饰两周凸弦纹和三个牺纽。鼎圆腹，圜底。四鼎共六个附耳，四个蹄形足，蹄形足中部可活动内折。四联鼎为炊器，犹如现代的分隔火锅，可以同时烧制不同的食物。四联鼎工艺精湛，单鼎形制为典型的战国时期楚鼎，是研究安徽地区青铜文化和饮食文化的实物资料。

蟠螭纹提梁壶

战国时期
安庆博物馆藏
口径 8、腹径 16.5、底径 10.5、通高 40 厘米
2011 年 6 月安徽省安庆市圣埠战国墓出土

盖弧顶。壶身口微敞，细长束颈，鼓腹，矮圈足。盖两侧各有一套环纽，“8”字形环链穿纽而过，环链下垂至肩，上方接兽首形扁提梁，下方与肩腹之间的铺首衔环套接。盖顶饰勾云纹，颈部饰三角云纹，腹部饰五周蟠螭纹。

越王丌北古剑

战国时期
安庆博物馆藏
通长 64、茎长 9.6、剑首径 3.8、剑格宽 5.2 厘米
1987 年 5 月 3 日安徽省安庆市第二自来水厂出土

圆首，茎上有双箍，箍面饰凸起的云雷纹，“凹”字形宽格，中脊起棱线，锋尖锐。剑格与剑首共有鸟篆铭文三十二字，其中剑格两面各十字，剑首十二字。铭文隔字错金。剑格正面铭文为“古北丌王戉（越）/戉（越）王丌北古”，背面铭文为“自佥（剑）用乍（作）自/自乍（作）用佥（剑）自”；剑首铭文为“隹（唯）戉（越）王丌北自乍（作）□之用之佥（剑）”。剑身分三段铸造，中间残缺经修复。

“右库”铭文戈

战国时期
潜山市博物馆藏
戈通长 23.3、内长 8、阑高 10.8 厘米，
镈长 12.5、镈口长径 3.1、镈口短径 2 厘米
2002 年安徽省安庆市潜山县彰法山卫康工地出土

留存有戈头和镈两部分。戈援长狭而上扬，阑侧有三穿，阑下端伸出胡底形成下齿，下端后侧亦凸出，内部三面有刃，上有一穿。穿旁有铭文“右库”等二行十字。镈上粗下细，中部浮雕鸟形纹，鸟形纹上方銎横截面呈椭圆形，鸟纹下方有一对穿孔，穿孔以下收束，呈八棱扁柱形。鸟纹以小乳丁、涡纹、短斜线纹为地，间饰五个凸起的大乳丁。

1

“十九年上郡”铭文戈

战国时期
桐城市博物馆藏
通长 16.5、内长 8、阑高 8 厘米
1996 年安徽省安庆市桐城市孔城镇岗头村战国墓葬出土

窄援，中长胡，阑侧有三穿，内部上下有刃，中间有一圆穿。内正面有铭文“十九年上郡守 / 逪造，高工师 / 竈，丞猪，工隶臣渠”三行十八字；背面正中刻“上”字，右上方刻“徒淫”二字，为地名。这是一件典型的秦国兵器，“十九年”为秦昭王十九年（公元前288年）。“隶臣”为秦汉时期刑徒名，多因本人犯罪或亲属连坐成为官奴，男为“隶臣”，女为“隶妾”。说明此戈的冶工为刑徒。

三角云纹钲

战国时期
安庆博物馆藏
柄长 11.5、舞广 5.7、舞修 6.1、鼓间 8、铣间 9、通高 29.5 厘米
1988 年 10 月安徽省安庆市第一人民医院战国墓出土

整体呈合瓦状。八棱实心长柄，深腹，平舞，口内凹。近舞部有旋，旋上方有一穿。舞部和鼓部饰浅浮雕蟠虺纹，钲部饰三角云纹。为军乐器。

“风”字形勺

战国时期

安庆博物馆藏

上：勺通长 21、柄长 12.5 厘米

下：勺通长 22、柄长 13 厘米

1994 年 4 月安徽省安庆市大南门战国墓出土

一对。勺面呈“风”字形，柄中空微弧。柄外壁有两条范痕和数道直棱，后方有一孔。

“山”字纹镜

战国时期
潜山市博物馆藏
直径 12.4、缘厚 0.67 厘米
1993 年 7 月 31 日安徽省安庆市潜山县彭法山火车站工地出土

圆形。三弦纽，圆纽座，纽座外有重圈，素卷缘。镜背饰羽状地纹，主纹为五个倾斜的“山”字，外围一周凹面圈带。镜体厚重，“黑漆古”包浆，镜面光亮可鉴。

格状花叶纹方镜

战国时期
潜山市博物馆藏
边长 10.5、缘厚 0.5 厘米
2005 年 11 月安徽省安庆市潜山县梅城镇梦圆开发小区出土

方形。三弦纽，内向八连弧纹纽座，素卷缘。镜背饰羽状地纹，主纹为花叶纹。纽座外各有四组叶纹与四角相对，六条宽弦纹纵横相交，纵横弦纹交汇点除纽座外各饰一花朵。

蟠螭纹镜

西汉
潜山市博物馆藏
直径 14.2、缘厚 0.45 厘米
2006 年安徽省安庆市潜山县氧化锌厂出土

圆形。三弦纽，圆纽座，宽素卷缘。镜背纹饰分为内外两区。内区饰涡纹带、凹圈带和短线纹带；外区饰涡纹和三角云雷纹组合地纹，主纹为蟠螭纹。镜面有“黑漆古”包浆，光可鉴人。

“上方”半圆方枚仙人神兽镜

汉代
安庆博物馆藏
直径 11.4、缘厚 0.3 厘米
1983 年 5 月安徽省安庆市文物商店拨交

圆形。圆纽，圆纽座，宽平缘。镜背主纹饰为高浮雕仙人神兽纹，仙人踞坐，头戴三山冠，身侧有双翼；神兽曲体，抱环状乳丁。外圈各饰十个浮雕半圆和方枚，半圆中填饰如意纹，方枚中填饰铭文“上（尚）方作竟（镜）自有纪，君宜□”，半圆和方枚间满饰细密小乳丁。缘上各饰一周凤鸟纹及绳纹。镜面微凸。

“尚方”博局镜

汉代
安庆博物馆藏
直径 17、缘厚 0.4 厘米
1979 年 10 月安徽省安庆市文物商店拨交

圆形。大圆纽，柿蒂纹纽座，宽缘。镜背纽座外为重框方格，方格间被分为十二个小长方格，格内饰菱形花蕊纹。重框间有凹槽，凹槽外饰博局纹、乳丁和朱雀纹。此外为铭文带和短线纹带，铭文为“尚方作竟（镜）真大巧，上有山（仙）人不知老，渴饮玉泉饥”。缘上饰两周锯齿纹，间隔以一周凹槽。镜面微凸，有“黑漆古”包浆，光可鉴人，为汉镜中的精品。

“位至三公”对凤纹镜

汉代
安庆博物馆藏
直径 10.9、缘厚 0.2 厘米
1983 年安徽省安庆市文物商店拨交

圆形。圆纽，变形四叶纹纽座，窄平缘。镜背主纹为八只凤鸟两两相对，近缘处为内向十六连弧纹。纽座内有铭文“位至三公”。纹饰采用平面剔地的手法，风格似剪纸。镜面微凸，有“黑漆古”包浆。

“刘氏”画像镜

汉代
安庆博物馆藏
直径 15.4、缘厚 0.7 厘米
1983 年安徽省安庆市文物商店拨交

圆形。圆纽，圆纽座。镜背纽座外饰一圈联珠纹，主纹为浅浮雕东王公、西王母、侍者及青龙、白虎图案，以四个带座乳丁间隔，间饰云气纹。主纹外为铭文带、短线纹带以及锯齿纹二周，铭文为“刘氏作竟（镜）佳且好，明而日月世少有，山右太□□”。铭文首尾两字间有三个细小乳丁，为铭文起止符。通体“黑漆古”包浆，纹饰刻画精细，风格近似汉代画像石。

三角纹铜尺

东汉
潜山市博物馆藏
长 23.3、宽 2、厚 0.62、孔径 0.4 厘米
1993 年 6 月 17 日安徽省安庆市潜山县余井镇马道村出土

长条形，一端有小孔。正面无纹饰，以阴刻直槽为界，均分为十格。背面饰多组格状三角纹。该铜尺图案规整，较为罕见，是研究东汉时期度量衡制度的难得实物资料。

“五铢”钱范

东汉
潜山市博物馆藏
范边长 7.2、厚 0.7 厘米，钱径 2.6 厘米
1977 年安徽省安庆地区潜山县彰法山出土

2件。均呈委角方形。各有四枚五铢钱模，两正两背，均等距离排列，中间有一圆柱形突起，为预留的浇铸孔道。范两侧留有合范榫口。

“大布黄千”钱范

新莽时期
桐城市博物馆藏
长 9.2、宽 6.8、厚 0.8 厘米
1984 年安徽省安庆地区桐城县文化馆移交

整体近舌形。首端平直，委角，尾端半圆，浇铸面下凹，边沿凸起。正面内部有“大布黄千”钱正反两面钱模。右为面模，铸“大布黄千”四字；左为背模，光背；下方中间有浇铸口。钱范背面内凹，不规则地分布数枚乳丁，用于支起散热。

十二生肖神兽镜

隋代
望江县博物馆藏
直径 11.2、缘厚 0.8 厘米
1986 年征集

圆形。圆纽，伏兽纽座，窄平缘。镜背纹饰以双线凸棱分为内外两区，内区由大方格和“V”形格分为四部分，大方格外饰四个神兽，四个“V”形格内各饰一兽面纹。外区由六个内饰兽首的方格分为六部分，每部分内有两个生肖纹饰。缘部饰云气纹一周。

双孔雀纹镜

唐代
太湖县博物馆藏
直径 23.8、缘厚 0.7 厘米
1980 年 2 月安徽省安庆地区太湖县弥路乡东河村桃园组出土

八出葵花形。半圆纽。主纹为两只孔雀于镜纽两侧相向而立，孔雀单脚踏如意祥云，翎高翘，作展翅开屏状。纽上方山峦重叠，山两侧饰如意祥云，祥云上饰一对喜鹊，相向飞翔，口衔绶带；纽下方为假山翠竹，两侧亦饰如意祥云，祥云上饰双鸾，同向飞行，两相顾盼。

月宫纹镜

唐代
潜山市博物馆藏
直径 14.8、缘厚 0.6 厘米
1981 年安徽省安庆地区潜山县彰法山出土

八出菱花形。圆形主纹饰区下凹，呈满月状，中心一株桂树，树干中部隆起成镜纽。树一侧为嫦娥执花起舞，披帛飘起；另一侧为玉兔捣药，下有一蟾蜍。背缘菱瓣间各饰一朵如意形流云。

打马球纹镜

唐代
怀宁县博物馆藏
直径 19.4、缘厚 0.9 厘米
1984 年征集

八出菱花形。半球纽。镜背纹饰分为内外两区。内区边缘饰葵花形边框，为主纹饰区，饰四骑士骑马绕镜纽奔驰，四骑士姿态各异，均手持前端呈月牙形的鞠杖，作击球状，四马间饰以折枝花和小山。外区饰折枝花和蜂蝶图案。通体“黑漆古”包浆，镜面微凸，光可鉴人。打马球是盛行于唐代贵族中的一项体育运动，亦见于唐代壁画和文学作品中。打马球纹镜主要流行于盛唐时期，存世较少。

团花铭文镜

唐代
宿松县博物馆藏
直径 16.5、缘厚 0.7 厘米
1965 年征集

圆形。圆纽，宝相花纽座。内区饰六组团花纹，团花间饰连枝忍冬纹。外区为铭文带，铭文为“练形神冶，莹质良工，如珠出匣，似月停空，当眉写翠，对脸传红，倚窗绣幌，俱合影中”。缘部饰锯齿纹。镜面光可鉴人。

银背海兽葡萄镜

唐代
潜山市博物馆藏
直径 11、缘厚 0.72 厘米
1986 年安徽省安庆地区潜山县余井镇建军村同兴组出土

圆形。伏兽纽。镜背纹饰以一道凸弦纹分为内外两区。内区饰四瑞兽同向奔驰于葡萄枝蔓间，外区饰回旋缠枝葡萄枝蔓纹。镜背通体鎏银，是唐镜中的珍品。

海兽葡萄镜

唐代
安庆博物馆藏
直径 11、缘厚 1.2 厘米
1979 年 10 月安徽省安庆市文物商店拨交

圆形。伏兽纽，三角缘。镜背纹饰以一道凸弦纹分为内外两区。内外区均满饰葡萄枝蔓纹，内外区葡萄纹间分饰四海兽纹和八禽鸟纹，禽鸟各具姿态，葡萄纹铺蔓过栏。缘部饰一周如意形花朵纹。镜面微凸，光洁，镜体厚重，有“黑漆古”包浆。

鹦鹉衔枝绶带纹镜

唐代
安庆博物馆藏
直径 33.5、缘厚 0.8 厘米
1992 年 2 月 22 日安徽省安庆市望江县武昌乡徐祠村南山小队征集

圆形。圆纽，连珠纹纽座。窄素缘。主纹为雌雄鹦鹉绕纽相向飞翔，口衔葡萄枝，颈饰璎珞项圈，尾翼等处亦饰有长长的璎珞绶带。鹦鹉体态健硕，展翅盘旋，两相顾盼，颇具特色。器形较大，通体“黑漆古”包浆，纹饰华美，雍容华贵。

乾道三年葵花镜

南宋
怀宁县博物馆藏
直径 16.3、缘厚 0.8 厘米
1990 年 10 月安徽省安庆市怀宁县公安局移交

六出葵花形。弓形纽，纽两侧各有一行自上而下的竖读铭文，右侧铭文为“湖州铸鉴局”，左边铭文为“乾道三年铸”。纽上部有两字竖读铭文“錬铜”。“乾道”为南宋孝宗赵昚的第二个年号，乾道三年即公元1167年，“铸鉴局”是南宋官方所设的铸镜机构。

大德二年池州路铜权

元代
望江县博物馆藏
宽 4.8、高 9.5 厘米
1985 年征集

重约500克。六棱六面，上窄下宽。顶部有桥形方纽，中间有圆孔。束腰，底部呈台阶式。两面均刻竖行铭文，一面为“大德二年造”，一面为“池州路”。“大德”为元成宗年号，大德二年即公元1298年。池州路治所在今安徽省池州市贵池县。

安庆卫指挥使司夜巡铜牌

明代
安庆博物馆藏
宽 11.3、高 14 厘米
1986 年 6 月 12 日江苏省扬州市文物商店价拨

黄铜质。整体呈圆形。顶端堆加卷草如意纹，有一穿孔。正反面边缘各饰忍冬纹一周。正面正中铸楷书“令”字，背面篆书“安庆卫指挥使司夜巡牌”“肃字伍伯（佰）叁号”，均为阳文。在明代，夜巡牌由礼部尚宝司统一铸造和发放。这件夜巡牌与国家博物馆收藏的永昌卫指挥使司夜巡牌、云南省博物馆收藏的六凉卫指挥使司夜巡牌，以及罗振玉《历代符牌图录》收录的灵山卫指挥使司夜巡牌等，形制和纹饰完全一致，且均为“肃”字号，既为明代夜巡牌统一铸造、编号和发放的制度提供了实物证明，也是重要的地方实物史料。

陶瓷器

Ceramic Ware

Cultural Relics
in
Anqing

陶壶形器

新石器时代
安徽博物院藏
通高 13.6 厘米
1979 年 10 月 16 日安徽省安庆地区潜山县薛家岗遗址出土

泥质红陶。上为麻花形长纽，纽下部有圆孔，直筒腹，上下折收，肩部开一方孔。喇叭形高圈足，饰有八圈凸棱，圈足中部有三个等距离圆孔。器表光滑，上施黑衣，造型奇特而抽象，是薛家岗文化陶器中最具特色的一件器物。

高领绞索纹陶罐

新石器时代
安庆博物馆藏
口径 6.8、腹径 10、底径 6.5、高 10.4 厘米
1989 年 5 月安徽省安庆市皖河农场夫子城遗址出土

泥质灰陶。敞口，高领，领和肩之间有一道凸棱，鼓腹，圈足外撇，底略凸。肩部刻划有四组条带纹，条带纹内填戳刺纹；上腹部饰一周绞索纹；领和足外壁均有凹弦纹。此陶壶胎质细腻，胎壁较薄，外壁有黄褐色陶衣，脱落严重。器表经磨光处理，内壁留有轮制痕迹。

陶球

新石器时代
安庆博物馆藏
直径 4.3 厘米
1985 年 7 月 12 日安徽省安庆市皖河农场采集

夹砂红陶。圆球形，中空，内有小陶丸，振荡有声。球体上有六个镂孔，孔径约0.6厘米，各孔间均有四道刻划均匀的弦纹相连。此陶球胎体较厚，制作规整，球孔分布均匀、大小一致，中心陶丸能晃动而不外漏，表现出较高的制作工艺，同时说明制作者已掌握了一定的几何知识，为研究新石器时代的制陶工艺和文明进程提供了实物依据。这类陶球多出土于河南、湖北、湖南、安徽等长江中游地区，对其用途目前尚无统一认识。

陶鸟形器

商代
安庆博物馆藏
长 20.7、宽 9.3、高 14.6 厘米
1997 年 9 月安徽省安庆市沈店神墩遗址采集

夹砂灰陶。整体呈鸟形，头部有冠，嘴半张，乳丁状眼，头部后端两侧有耳洞。腹部中空，有上下贯通的方形孔。尾部边缘残缺，中部有脊，脊两侧刻划斜线纹，从残缺处可见尾部为波浪形。底部呈上凹的弧形。器表粗糙。

印纹硬陶罐

春秋时期
安庆博物馆藏
口径 14.2、腹径 22.3、底径 14、高 21.5 厘米
1990 年 10 月 2 日安徽省安庆市大枫乡黄花村春秋墓出土

泥质灰陶。尖唇，卷沿略外翻，丰肩，上腹圆鼓，下腹内收，平底微内凹。器表拍印方格纹。胎质坚硬，外壁施一层薄薄的褐色陶衣，肩部粘有一块青釉。

青瓷虎子

六朝
桐城市博物馆藏
长 25、宽 13、通高 20 厘米
1985 年征集

灰胎泛黄。整体呈卧虎状。口部高昂呈圆筒形，口上方堆贴虎头纹饰，颈背间置绳纹提梁，提梁末端饰卷曲的虎尾。腹部略呈茧形，两端稍阔，束腰，腰部两侧刻划出羽翼。四足伏卧。通体施青釉，釉质莹润。虎子的用途有两说，一说为溺器，一说为水器。

覆莲纹青瓷鸡首壶

六朝
怀宁县博物馆藏
口径 11.2、腹径 20.8、底径 14.5、高 33 厘米
1987 年 12 月征集

灰胎。盘口，长束颈，溜肩，上腹微鼓，下腹内收。鸡首状短流，口沿和肩之间有一弧形柄，柄由下至上渐细，肩部两侧各有一桥形系。上腹部饰弦纹和覆莲纹。釉色青绿，清亮莹润，壶身修长规整，为同时期器物中的精品。

青瓷鸡首壶

隋代
望江县博物馆藏
口径 5.7、腹径 11.9、底径 7.5、高 22 厘米
1984 年安徽省安庆地区望江县翠岭城北窑厂出土

土黄胎。口微侈，高颈，上腹圆鼓，下腹内收，足部外撇，平底。颈部饰两道宽棱，颈、腹交接处饰实心鸡首，无流。与鸡首相对的另一侧，口沿和肩之间有一弧形龙首柄，龙口衔壶沿作饮水状，龙背部有一条凹弦纹，中上部有乳丁。颈、腹交接处两侧各有两弧形系。腹部中线以上施青釉，釉色青黄，有开片。下腹与底部无釉，仅施白色化妆土。

青瓷蹄足辟雍砚

隋代
望江县博物馆藏
直径 19.5、高 6.5 厘米
1987 年征集

圆形。砚堂凸起呈圆台形，四周一圈凹槽砚池，下有十二个水滴形足。外壁饰三道凹弦纹，足上饰涡纹。除砚堂外，皆施青釉，釉色偏黄，脱釉严重。

黑釉剔弦纹罐

唐代
望江县博物馆藏
口径 10.6、腹径 16.2、底径 7、高 11 厘米
1988 年安徽省安庆市望江县杨湾镇青龙嘴北宋墓出土

红褐胎，胎体厚重。口微敛，矮立领，扁圆鼓腹，平底，底中心内凹。腹部剔饰倾斜的宽凹弦纹，分两组错落相接。除底部外，通体施黑釉，制作精美。

长沙窑褐彩草叶纹青瓷钵

唐代
安庆博物馆藏
口径 17.5、腹径 17.6、底径 10.5、高 9.7 厘米
1991 年安徽省安庆市十里乡白山村丁海列捐赠

灰胎泛黄。圆唇，翻沿，弧腹，饼形足。腹部饰一周釉下褐彩草叶纹。施青釉，外壁施釉不到底，有流釉现象，内壁局部漏釉。内外壁均可见清晰旋痕。釉薄，色莹润，有细密开片。

宣州窑点褐彩青瓷执壶

唐代
望江县博物馆藏
口径 10.7、腹径 19.8、底径 13.7、高 28.7 厘米
2003 年安徽省安庆市望江县公安局移交

红褐胎。敞口，短束颈，溜肩，腹部呈椭圆形，圆饼状实足。肩部有一八棱短流，颈与肩之间贴附一弧形扁平状柄，两侧对称各有一弧形系。通体施釉，有细小开片。颈部以下饰斑点状褐彩。器身腹部略有脱釉现象，脱釉处露出白色化妆土，底部露胎。

青瓷水滴足辟雍砚

唐代
望江县博物馆藏
直径 16.2、高 6.5 厘米
1984 年征集

圆形。砚膛凸起呈圆台形，中心微凹，四周有一圈宽0.8、深1厘米的凹槽砚池，下有十九个兽蹄形足。外壁饰两道凹弦纹。除砚堂外，皆施青釉，釉色偏黄，脱釉严重。辟雍砚于隋唐时期开始盛行，因注水后形似环水的辟雍台建筑而得名。

寿州窑黄釉瓷碗

唐代
太湖县博物馆藏
口径 15.7、底径 7.1、高 7 厘米
1977 年安徽省安庆地区太湖县文化馆移交

米黄色胎。敞口，斜腹略弧，饼形足。内外施黄釉，釉面光滑匀净，有冰裂纹，外壁施釉不到底。内底有三个支钉痕。

青瓷盖盒

五代
安庆博物馆藏
盖最大径 13.5、高 4 厘米，
盒身口径 11.7、腹径 14、底径 9.7、通高 10.3 厘米
1989 年 9 月 10 日征集

灰胎，较厚，胎质较致密。子母口，带盖，盖顶面隆起，饰有凹弦纹。盒身腹壁近直，下腹弧收，圈足外撇，足端修胎较圆，外底有四枚支钉痕。外表、底部及盒身内壁施满釉，口沿及盖内壁露胎。釉色青黄，有细开片及较多缩釉孔。该盒器型较大，造型规整典雅，瓷化程度较高，釉质莹润，是五代同类瓷器中的精品。

邢窑白瓷花口碗

五代
望江县博物馆藏
口径 13.4、底径 5、高 4.7 厘米
1984 年安徽省安庆地区望江县杨湾镇青龙嘴北宋墓出土

胎质致密，薄而细腻。整体呈五瓣葵花形，斜腹，圈足。碗内底刻划一圈弦纹。通体施釉，釉色匀净光洁，微泛青。造型规整，为五代邢窑白瓷中的精品。

青白瓷盖碗

北宋
宿松县博物馆藏
口径 11.3、底径 6.2、高 10.8 厘米
1986 年安徽省安庆地区宿松县佐坝公社栗树村北宋庆历七年（1047 年）砖石墓出土

白胎泛灰，胎质致密。子母口。碗盖折沿，弧形顶，顶部中心有一瓜蒂纽。碗身圆唇，直口，深腹，上腹竖直，下腹弧收，矮圈足。盖和碗外壁均满饰刻划花草纹。施青白釉，盖内施半釉，足底无釉，釉色略泛黄，匀净光润。制作精细，造型别致。

球口瓜棱形青瓷执壶

北宋
安庆博物馆藏
口径 3.3、腹径 12.5、底径 7、高 19.5 厘米
1989 年 5 月 15 日安徽省安庆市皖河农场夫子城遗址出土

灰胎，胎质较致密。球形口，短束颈，瓜棱形腹，长流外撇，扁平长柄上饰竖弦纹，圈足浅挖，留有旋坯痕。外施青釉，除口、流和柄外，其余部分十分稀薄，施釉不到底。造型独特，端庄匀称。

越窑青瓷净瓶

北宋
岳西县博物馆藏
口径 0.5、腹径 4.1、底径 2.5、高 13 厘米
2012 年 3 月安徽省安庆市岳西县资福寺塔地宫出土

小口微敛，长颈上细下粗，颈中部突出似圆盘。肩部有一管状直流，椭圆形深腹，圈足外撇。通体施天青色釉，布满土沁。为佛教盛放净水的器具。

青白瓷注子注碗

北宋
安徽博物院藏
注子口径 3、腹径 12、通高 20.2 厘米，注碗口径 13.5~15.6、底径 9.2、通高 13.9 厘米
1963 年安徽省安庆专区宿松县北宋元祐丁卯年（1087 年）墓出土

由注子和注碗两部分组成。注子小口，上有筒形套盖，盖顶饰狮形纽；折肩，瓜棱腹，长流外撇，带状曲柄，圈足。注碗呈仰莲形，外壁刻划莲瓣纹，碗足为二层台式圈足，外层呈覆莲状。注碗内底留下的四个支钉痕正好与注子底部的支烧痕迹吻合，说明烧制时，为成套装匣烧造。注碗口沿的黄色土沁与器物本身的釉色浑然一体，更显深浅明暗变化，可谓巧“借”天工。此套注子注碗为宋代景德镇湖田窑精品，又出土于北宋纪年墓中，弥足珍贵。

青白瓷瓜棱形舍利盖盒

北宋
岳西县博物馆藏
口径 8.2、腹径 10、底径 6.2、通高 12.9 厘米
2012 年 3 月安徽省安庆市岳西县资福寺塔地宫出土

白胎，胎质致密。外壁呈十二瓣瓜棱状。子母口，盖与盒外壁等高，且形状相同。深腹微鼓，盖顶与盒下部弧收，浅圈足亦呈瓜棱形。盖顶中心印有一朵宝相花。除口沿外，通体施青白釉，釉色莹润有开片，积釉处呈湖绿色。出土时内置四颗舍利子。

吉州窑绿釉狻猊瓷香熏

北宋
安徽博物院藏
口径 12.2、腹径 10.8、底径 12.3、通高 32 厘米
1963 年安徽省安庆专区宿松县北宋元祐丁卯年（1087 年）墓出土

白胎泛黄，胎质疏松。整体为一头狻猊蹲踞在高大的莲花须弥座上。狻猊昂首露齿，两眼斜视，颈部饰三枚圆铃，利爪张开，脚踩绣球。施绿釉，釉层肥厚光润，有的莲瓣上特意不施釉，形成绿白相映的效果。狻猊姿态雄健，生动活泼，使用时香气从口中缓缓溢出，设计巧妙，颇具匠心，是一件难得的艺术珍品。

龙泉窑青瓷长颈瓶

南宋
安徽博物院藏
口径 6.5、底径 6、高 15.1 厘米
2006 年 5 月安徽省安庆市宿松县河西山南宋嘉定八年（1215 年）陈氏夫人墓出土

白胎泛灰，胎质致密。洗口，粗长颈，溜肩，鼓腹，圈足。通体施青釉，柔和淡雅，光泽如青玉。由于胎中含铁较多，高温烧成后，足部无釉处呈红色。出土墓葬为砖室墓，同出青白瓷碟、青白瓷盏托等八件瓷器。

青白瓷双鱼纹碗

宋代
岳西县博物馆藏
口径 18、底径 6、高 4.3 厘米
1993 年安徽省安庆市岳西县中关乡月亮塘屋后宋墓出土

敞口，浅斜腹略弧，矮圈足。碗内壁有六瓣出筋，内底刻水波纹和双鱼纹。器型端庄规整，胎极薄，能透光。通体施青白釉，芒口，釉色匀净，莹润透亮。

耀州窑青瓷印花斗笠盏

宋代
望江县博物馆藏
口径 11、底径 2.7、高 5 厘米
1988 年安徽省安庆市望江县杨湾镇杨湾村出土

薄胎。敞口，口沿微外撇，尖唇，斜直腹，矮圈足。内壁模印缠枝菊花，外壁刻划菊瓣纹。釉色青绿莹亮，器型小巧规整，纹饰构图饱满均衡，线条流畅清晰。

吉州窑白地褐彩鹿纹瓷钵

宋代
怀宁县博物馆藏
口径 11.1、腹径 12.8、底径 8、高 8.7 厘米
1985 年 10 月征集

白胎，质地疏松。广口，折沿，深腹，圈足。内壁留有明显旋坯痕。通体白地褐彩，薄施透明釉。外壁上下各有一粗一细两道弦纹，腹部对向饰两个花形开光，开光内各绘一只奔鹿，开光外为缠枝花草纹。花草纹描绘细腻，具有图案化特征，而奔鹿纹用笔简洁写意。开光奔鹿纹是吉州窑彩绘瓷器的代表性纹饰。

青白瓷褐彩仙人吹笙壶

宋代
宿松县博物馆藏
口径 2.5、腹径 10.5、底径 9.5、高 19.3 厘米
1994 年安徽省安庆市宿松县城东郊宋墓出土

整体为仙人吹笙形象。仙人呈站姿，头束冠，冠顶为壶口，双手所捧之笙为流，笙与人口之间连以吹管，仙人脑后至肩部的两根飘带为柄。溜肩，圆筒状腹，简单刻划出衣纹，近底处饰双足。通体施青白釉，釉色莹润，有细密开片。仙人的头发、冠饰、衣襟、足部及壶流等处均施褐彩。此壶制作精美，设计精巧，造型独特，为罕见的艺术珍品。

青白瓷仙人持笏壶

宋代
怀宁县博物馆藏
口径 2.2、腹径 10、底径 9.3、通高 23.9 厘米
1984 年安徽省安庆地区怀宁县雷埠乡白世屋出土

整体为仙人持笏形象。仙人呈站姿，头束冠，冠顶为壶口，面部有须。仙人身着广袖袍服，溜肩，筒腹，简单刻划出衣纹，以双手所捧之笏为流，背部有曲柄。通体施青白釉，釉质莹润，有开片。

白瓷瓜棱提梁壶

宋代
桐城市博物馆藏
口径 5.6、腹径 16.7、底径 8.6、通高 20 厘米
1988 年 5 月从安徽省安庆地区文物管理所接收

圆口，瓜棱状圆腹，管状短流，半环形提梁。提梁上饰一列乳丁，流底部四周、提梁底部和壶上腹左右均贴塑盘结纹。通体施釉，釉质莹润。

青白瓷八方壶

宋代
宿松县博物馆藏
口径 3.5、腹径 11.4、底径 6.6、高 10.3 厘米
1964 年安徽省安庆专区宿松县隘口公社隘口村出土

白胎，胎质致密。壶盖平顶，呈八棱形直筒状，盖一侧下端钻有两个小孔，用于穿绳系于壶把上。壶身折肩，八棱腹。流位于肩腹处，与口沿等高。曲柄位于肩腹交接处，与盖等高。通体施青白釉，釉呈天青色，釉面光洁。

青白瓷蝴蝶结纹执壶

宋代
怀宁县博物馆藏
口径 8、腹径 13.5、底径 9、通高 17.4 厘米
1984 年征集

盘口，卷沿，束颈，圆肩，鼓腹，矮圈足，扁平曲柄，颈肩交界处有两个弧形系。柄上饰两道凹弦纹，流根部以下堆贴花结纹，花结内堆贴“S”形盘结纹。通体施青白釉，釉色偏白，圈足底露胎，有四个支钉痕。

青白瓷注子注碗

宋代
宿松县博物馆藏
注子口径 2.6、腹径 11.7、底径 8.6 厘米，
注碗口径 15.9、底径 8.9、通高 26.6 厘米
1985 年安徽省安庆地区宿松县原程集区高领乡姚圩村卖雨岭出土

由注子和注碗两部分组成。注子小口，上有筒形套盖，盖顶饰蹲狮抱绣球纽；直口，筒状颈，颈底部饰一圈花瓣纹；折肩，瓜棱腹，长流外撇，带状曲柄与流等高，柄两侧各刻划一道弦纹。注碗呈仰莲形，外壁刻划莲瓣纹，花口，深腹，高圈足。釉色青白略泛黄。为盛酒、温酒器具。

青白瓷瓜棱盖盒

宋代
太湖县博物馆藏
口径 13.3、底径 10、通高 5.9 厘米
2009 年安徽省安庆市太湖县晋熙镇阳冲村宋墓出土

白胎，胎质致密。整体呈扁圆瓜形，子母口，盒盖与盒身等高。盒盖顶部中心下凹，有一瓜蒂纽，纽周围饰一圈重瓣莲花纹。盒身瓜棱状扁腹外壁分为二十瓣，平底。除口沿和外底，内外均施青白釉，釉色白中闪青，莹润光亮，玻璃质感强。积釉处或呈湖蓝色，或呈青绿色。

青白瓷高足奁盒

宋代
岳西县博物馆藏
盖直径 13.8、高 2.5 厘米，盒直径 13.8、高 5 厘米
1994 年安徽省安庆市岳西县姚河乡梯岭窑厂出土

子母口。盒盖顶部微鼓，中间有圆孔，圆孔四周和盖顶中部饰弦纹。盒内捏塑折枝菊花，一花三苞，间置一碟两盂。喇叭形高圈足。通体施青白釉，釉质莹润，除盖顶外，余皆素面无纹饰。

吉州窑白地褐彩开光兰草纹梅瓶

宋代
潜山市博物馆藏
口径 3.5、腹径 9.9、底径 5.8、高 16.5 厘米
1985 年安徽省安庆地区潜山县潘铺乡古塔村出土

白胎。小口，圆唇，短颈，丰肩，肩以下渐内收，矮圈足，底微凹。通体白地褐彩，薄施透明釉。肩部饰重瓣覆莲纹和弦纹；上腹部以水波纹为地纹，中间有两个六瓣形开光，开光内各绘一组兰草纹，一组含苞待放，另一组已经盛开；下腹至近底处绘六道弦纹。釉层有细密开片，造型规整，色彩明艳，图案流畅简洁，富有浓郁的生活气息。

青白瓷缠枝花卉纹刻花梅瓶

宋代
宿松县博物馆藏
口径 3.5、腹径 16.1、底径 9.3、高 25.4 厘米
1987 年安徽省安庆地区宿松县陈汉乡朱湾村出土

子母口，带盖。瓶盖为三角形尖顶，顶饰菊花纹，外壁饰弦纹。瓶身短直颈，上腹圆鼓，下腹渐收，外壁满饰缠枝花卉纹。通体施青白釉，釉色白中闪青，釉质莹润光亮。

青白瓷花卉纹瓶

宋代
宿松县博物馆藏
口径 7.3、腹径 14.8、底径 11.5、高 25.9 厘米
1964 年安徽省安庆专区宿松县隘口公社隘口村出土

敞口，长颈，溜肩，圆腹，圈足外撇。口沿下饰两道弦纹，颈部刻划一周蕉叶纹，颈腹交接处塑两个对称的辅首，腹部刻划水波荷花纹，足部饰一道弦纹。施青白釉，釉色莹亮偏白，底部露胎。

青白瓷瓜棱花口瓶

宋代
岳西县博物馆藏
口径 8、腹径 8.4、底径 7、高 18.5 厘米
2001 年安徽省安庆市岳西县白帽镇金鸡坪出土

六瓣花口，外翻呈荷叶形，口沿内六瓣出筋。长直颈，上刻两组弦纹，每组两道。六瓣瓜棱形椭圆深腹。圈足外撇，足外壁饰竖棱纹。通体施青白釉，釉色莹润，白中闪青，积釉处呈湖蓝色。造型精巧别致，匀称素雅。

青白瓷人面纹博山炉

宋代
桐城市博物馆藏
口径 12、底径 9.5、通高 12 厘米
2007 年安徽省安庆市桐城市阅城国际工地出土

胎质致密。炉盖呈博山形，峰峦重叠，山峰之间设两排等距离的菱形孔，下排孔大于上排，盖顶为六瓣花形镂孔。炉身宽平折沿，筒腹，腹部堆贴四个人面纹。底座外撇呈覆莲状，莲瓣形成六足。炉盖与炉身浑然一体，造型优美。通体施青白釉，釉质莹润，是景德镇青白瓷中的精品。

龙泉窑青瓷鬲式炉

宋代
安庆博物馆藏
口径 9、腹径 9.6、高 7.2 厘米
1985 年 10 月 4 日安徽省安庆市纺织厂西纺工地出土

白胎，胎质致密。平折沿，直颈微束，折肩，扁鼓腹，三柱形矮足，三足上方腹部各有纵向出筋。通体施青釉，釉层肥厚光润，玻璃质感强。

吉州窑绿釉蕉叶纹瓷枕

宋代
望江县博物馆藏
长 22.5、宽 11.1、高 8 厘米
1985 年征集

白胎，胎质致密。整体呈委角长方形。枕面及前侧面微凹，后侧面微凸，上方有一圆形出气孔。枕面饰三片变形蕉叶纹，呈扇形分布。前后侧面饰钱纹，其余六个侧面均饰花草纹。通体施绿釉，釉色局部泛黄。

点褐彩梅纹白瓷枕

宋代
桐城市博物馆藏
长 18、宽 15.8、高 10.7 厘米
1988 年 5 月 21 日安徽省安庆地区文物管理所移交

白胎泛黄。整体呈如意云头形，枕面微凹。枕面及侧壁边缘均刻一道弦纹。枕面及侧壁均有褐彩纹饰。枕面绘折枝菊花纹，间绘四个朵梅纹，侧壁亦绘朵梅纹。底部露胎，正中有一圆形通气孔。造型精巧别致，构图简洁典雅。

龙泉窑梅子青釉瓷洗

宋代
桐城市博物馆藏
口径 12、底径 6.5、高 3.8 厘米
1986 年安徽省安庆地区桐城县毛河乡毛河村农民捐赠

灰胎，胎质致密。敞口，沿微外侈，斜直腹，矮圈足。通体施梅子青釉，足端露胎。釉色莹润欲滴，纯净清丽。

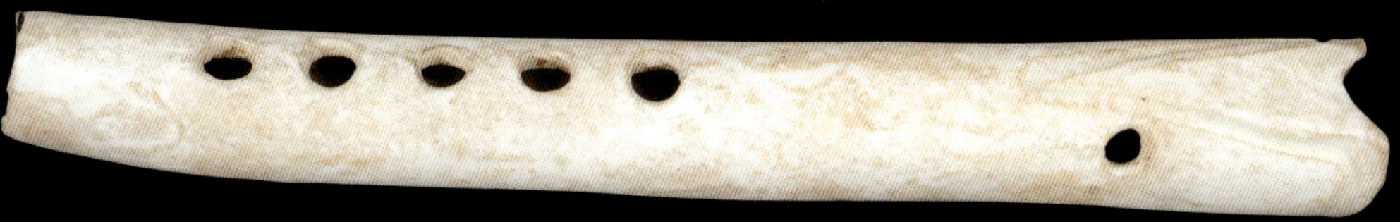

青白瓷箫

宋代
望江县博物馆藏
箫首口径 2.5、箫底口径 2、长 21 厘米
1990 年安徽省安庆市望江县护城窑厂宋墓出土

白胎，胎质致密。六孔箫，吹口呈“U”形，箫首较箫底略粗，五个音孔在正面，一个音孔在背面，上方侧面另开一孔。通体施青白釉，釉色莹亮。以之吹奏仍能发出清幽动听的声音，有很高的艺术与科学价值，是研究我国民族乐器演变史的珍贵实物资料。

青花双雁穿菊纹盘

元代
太湖县博物馆藏
口径 16.3、底径 13、高 1.6 厘米
1998 年安徽省安庆市太湖县百里镇阮氏墓出土

白胎，胎质致密，胎体薄而匀称。花口微侈，浅腹，平底。内口沿绘一周卷草纹，盘内绘双雁穿菊纹，两只大雁于缠枝菊花间背向飞行。青花发色明艳，构图严谨繁密，富于生气。

青花束莲纹盘

元代
安徽博物院藏
口径 16.3、底径 13.7、高 1.3 厘米
1977 年安徽省安庆市反修路 89 号（今双井街中段）窖藏出土

白胎，胎质致密。葵口，折沿，浅腹，平底。口沿内壁绘一周忍冬纹，盘心绘上下两组束莲纹。青花发色浓艳。

青花缠枝花卉纹盏

元代
太湖县博物馆藏
口径 7.9、底径 3.0、高 4.1 厘米
1998 年安徽省安庆市太湖县百里镇阮氏墓出土

白胎，胎质致密，胎体薄而匀称。花口微侈，深腹，圈足。口沿内壁绘一周回纹，内底绘一折枝灵芝，外壁绘一周缠枝栀子花。各组纹饰之间均饰以弦纹边框。釉质莹润，青花发色艳丽。

青花牡丹纹执壶

元代
太湖县博物馆藏
口径 5.、底径 6.3、通高 25.1 厘米
1998 年安徽省安庆市太湖县百里镇阮氏墓出土

白胎，胎质致密，胎体匀称。子母口，带盖。壶盖顶面呈弧形，上有宝珠形纽，平沿，一侧置一环形小系。壶身作玉壶春瓶式，敞口，细长束颈，腹部呈鸡心形，圈足外撇。流细长微曲，流与壶颈间以“S”形饰件加固。倒钩状曲柄，柄上饰一卷草形小系。壶盖的弧面上绘莲瓣纹，下折部绘钱纹。壶身腹部两面各绘一鸡心形开光，开光内绘折枝牡丹，开光外绘缠枝栀子花。流、柄绘卷草纹，圈足外侧绘一周覆莲纹。釉质莹润，青花发色明艳，构图满密，层次分明。

仿官窑单把杯

元代
安徽博物院藏
口径 8.1、底径 3.6、高 3.1 厘米
1977 年安徽省安庆市反修路 89 号（今双井街中段）窖藏出土

紫灰色胎。侈口，圆唇，斜腹，矮圈足，口沿与腹部之间有一柄。釉色青灰，质肥厚如堆脂，釉面有开片，可见“紫口铁足”，为元代仿官窑瓷器。

仿官窑盘

元代
安徽博物院藏
口径 15、底径 10.8、高 2.3 厘米
1977 年安徽省安庆市反修路 89 号（今双井街中段）窖藏出土

铁灰色胎，胎体厚重，胎质致密。敞口，浅腹，平底微内凹。外底有六个支钉痕。釉色青灰，质肥润，平整光滑，釉面有大小开片。从盘的形制、胎釉等工艺特征来看，应为元代仿官窑瓷器。

青白瓷镂雕戏剧人物故事枕

元代
岳西县博物馆藏
长 32、宽 15、高 18 厘米
1983 年征集

白胎，胎质致密。整体呈戏台造型。枕面状如一片翻卷的荷叶，上饰菱格“卍"字锦纹。戏台部分采用透雕方法，前后各有殿堂、勾栏、人物等。从人物装束、布局来看，应为“八仙庆寿”戏曲场景。戏台外围有如意挂落、钱纹花窗，并配有卷帘、盘结等装饰。通体施青白釉，釉质较莹润。整体装饰繁缛精细，排列有序，人物姿态各异，栩栩如生，表现了元代戏剧艺术的面貌，为罕见的艺术珍品。

青白瓷关公夜读像

元代
岳西县博物馆藏
通宽 11.9、通高 23 厘米
1985 年征集

胎质致密。为关公全身坐像。峨冠，长袍，筒靴。留三绺长须，右手托书，左手搭膝，神情专注。釉色白中泛青，底座露胎，背面中间有一圆形通气孔。塑像面容和体态均生动传神，成功表现了关羽的人物特征。

龙泉窑青瓷人物灯

元代
安庆博物馆藏
左：底径 9.3、通高 24.2 厘米
右：底径 9.3、通高 22 厘米
1986 年 10 月 8 日安徽省安庆市造纸厂工地出土

一对。灰胎。中空，为侍者持灯形象。二侍者皆立于底座之上，面部圆润，细眼小口，耳垂肥大，头戴卷脚幞头，身穿窄袖袍服，佩腰带，于腹间垂下如意结，手持长柄灯具，分别靠于左右肩上。二侍者细微处略有差别，除身高不同外，一人露出双手，另一人袖长过手。人物脸部和颈部露胎，其余部分施青釉，釉色青绿莹亮，釉层较厚，釉薄处微泛白。该灯具造型别致，人物刻画细腻，具有元代龙泉窑青瓷的典型特征。

青花文王访贤图觚

明代
太湖县博物馆藏
口径 20.1、底径 13、高 44.5 厘米
1985 年 6 月安徽省安庆地区太湖县李杜乡转桥村笔架组捐赠

白胎，胎体厚重。器身细长，侈口，腰中部渐收。酱口砂底，可见旋痕。主题纹饰为文王访贤图，图中周文王面带笑容注视面前行礼的高士，身后有仆从三人，二人执长柄宫扇，一人手捧礼物。近底处绘一周蕉叶纹，蕉叶纹上方绘一周花卉纹。釉面略闪青，青花发色鲜艳，造型古朴俊美。

青花孔雀牡丹纹梅瓶

明代
安庆博物馆藏
口径 5.1、腹径 17.1、底径 10.5、高 31 厘米
1983 年 5 月安徽省安庆市文物商店拨交

白胎，胎体厚重，胎质致密。小口，卷唇，短颈，丰肩，上腹微鼓，下腹内收，足微撇，底内凹。肩部绘缠枝莲纹，腹部主题纹饰为雌雄孔雀、牡丹、玲珑石等，近底处绘一周蕉叶纹。砂底无釉，露胎处可见“火石红”。瓶身为三段接成，接痕明显。青花孔雀牡丹纹盛行于明正统年间，故宫博物院、上海博物馆、南京博物院等均收藏有此类藏品。此梅瓶釉质肥润，青花发色浓厚深沉，纹饰笔触粗犷奔放，牡丹叶片肥大似掌，孔雀体态健硕，具有正统时期的纹饰特点。

“程文自造”款白瓷罐

明代
安庆博物馆藏
口径 4.7、腹径 9.5、底径 6.2、高 10.2 厘米
1973 年 3 月安徽省安庆市卫东公社民主大队出土

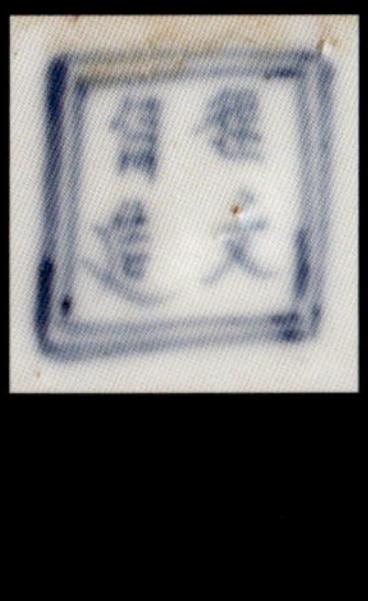

一对。形制、尺寸基本相同。直口，圆肩，肩以下渐斜收，圈足浅挖。器内壁有清晰旋纹，外腹中部有明显接痕，外底边缘粘有窑砂。器内外施釉，釉层纯净肥厚，光洁润泽，有少数缩釉孔。外底有青花双方框“程文自造”四字楷书款。

蓝釉白彩鱼藻纹罐

明代
桐城市博物馆藏
口径 5.4、腹径 10.5、底径 6、高 11.3 厘米
1997 年征集

圆口，短直颈。上腹圆鼓，下腹渐收，矮圈足。外壁施蓝釉，饰鱼藻纹，纹饰部分施白彩，足脊露胎。外底有青花双圈“大明嘉靖年造”六字楷书款。

“大清光绪年制”款红釉贯耳方瓶

清代
安庆博物馆藏
口长 11、口宽 9.2、腹最宽 19.3、底长 12.2、底宽 9.6、高 30.1 厘米
1983 年 5 月安徽省安庆市文物商店拨交

灰白胎，胎质厚而致密。方形直口，双贯耳，口沿至上腹倭角，下腹鼓凸，腹部前后均有凸起的杏元纹，方圈足。器表施红色窑变釉，有条状黑斑，边沿处呈淡绿色。口沿内壁有流釉现象，流釉处呈蓝色窑变。足内无釉，外底阴刻“大清光绪年制”六字楷书款。釉较厚，有细密开片，局部有棕眼。造型古朴、呈色艳丽，为清晚期瓷器中的精品。

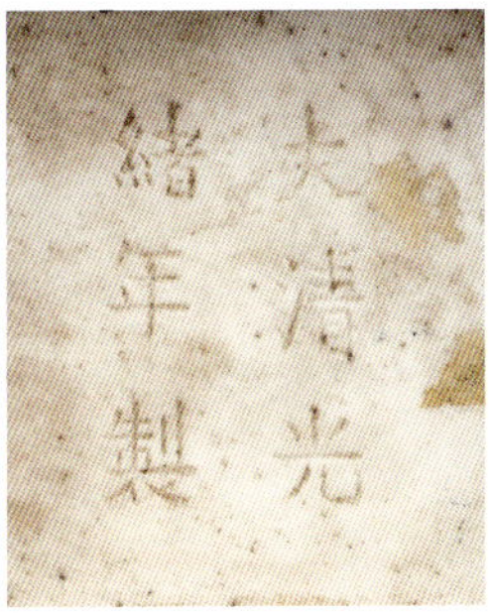

青花杨文俪课子诲女图将军罐

清代
安庆博物馆藏
盖径 12.3、口径 13.2、腹径 26.7、底径 17、通高 45 厘米
1985 年 10 月安徽省安庆市文物商店拨交

白胎，胎质致密。罐盖呈盔帽形，子口，球形纽，平折沿。罐身母口，直颈，上腹圆鼓，近底处内束，浅圈足外撇。足端露胎，足底施釉，有无框“康熙年制”四字楷书款。罐盖绘竹菊双蝶纹。罐身绘仕女和儿童共八人。正中为母女二人作教读状，另一侧有一手持芭蕉扇的仕女；孩童五人嬉戏于左右，手执拨浪鼓、“瓶升三戟”等玩具与吉祥器物；背景为庭院栏杆、松柏连枝，蝴蝶成双飞舞其间；口沿及底足分别绘三周花卉纹。足端露胎，修胎规整。釉层厚润，青花发色翠蓝，浓淡相间，层次丰富。纹饰构图疏朗，笔触流畅。此将军罐纹饰较罕见，为明代杨文俪“课子诲女图”。杨文俪，浙江仁和人，工部员外郎杨应獬之女，南京礼部尚书孙升继室，一共生育和抚养了五子一女：包括孙升前妻韩氏所生二子孙鑨、孙铤，杨氏已出之二子一女孙鋐、孙鑛、孙镮，以及侧室马氏所生子孙镶。五子中除幼子孙镶早夭外，其余四子皆中进士。其女孙镮后嫁吏部尚书吕本之子吕兑为妻，子吕胤昌亦中进士。《四库全书总目提要》称：“有明一代，以女子而工科举之文者，文俪一人而已。”

书画

Painting and Calligraphy

Cultural Relics
in
Anqing

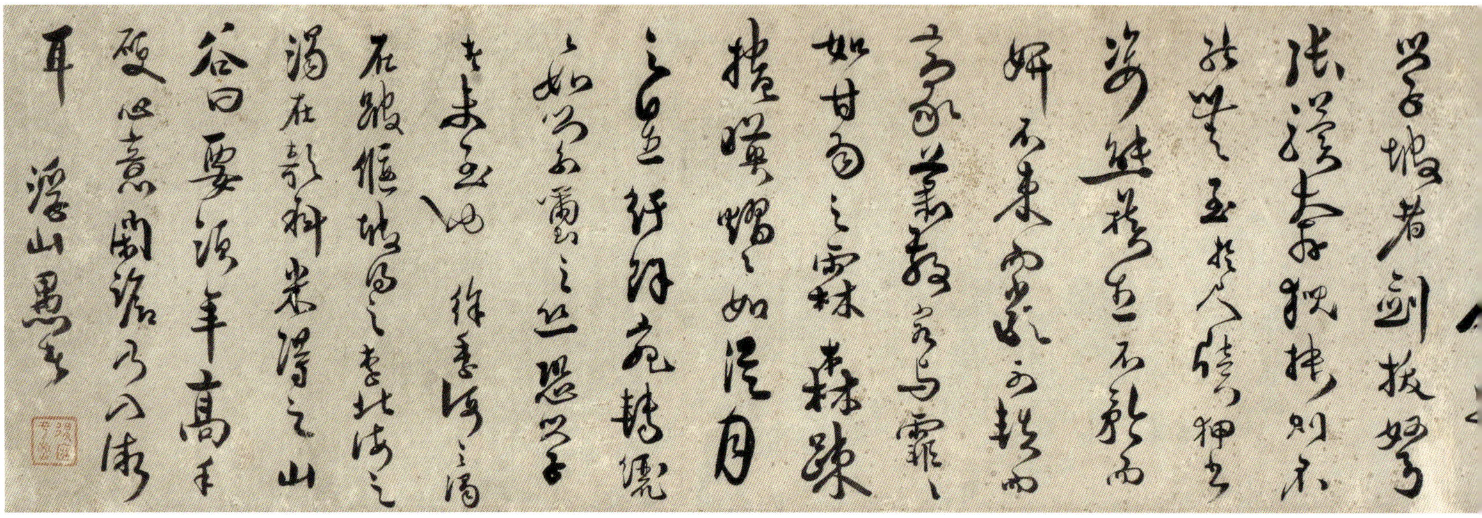

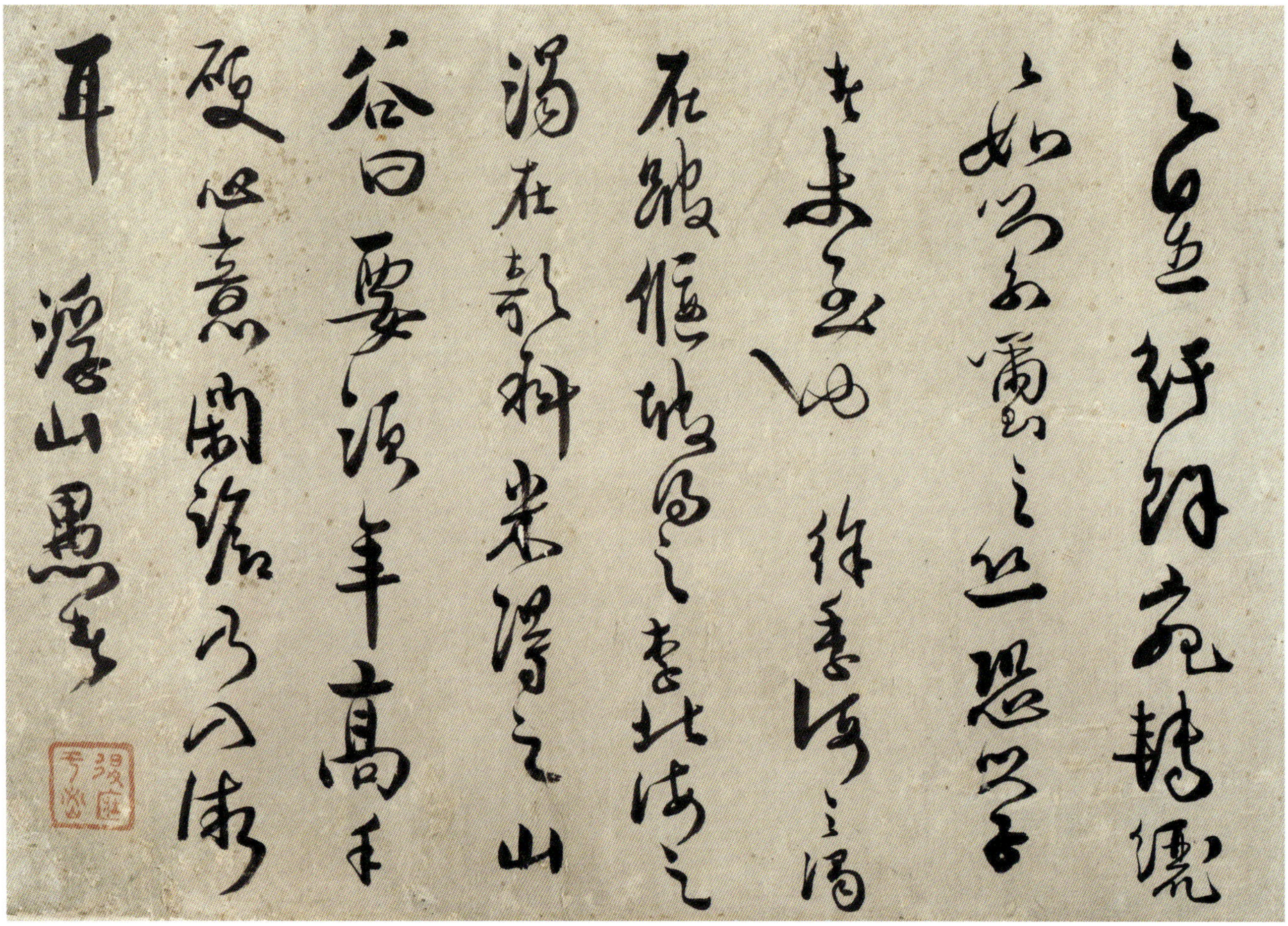

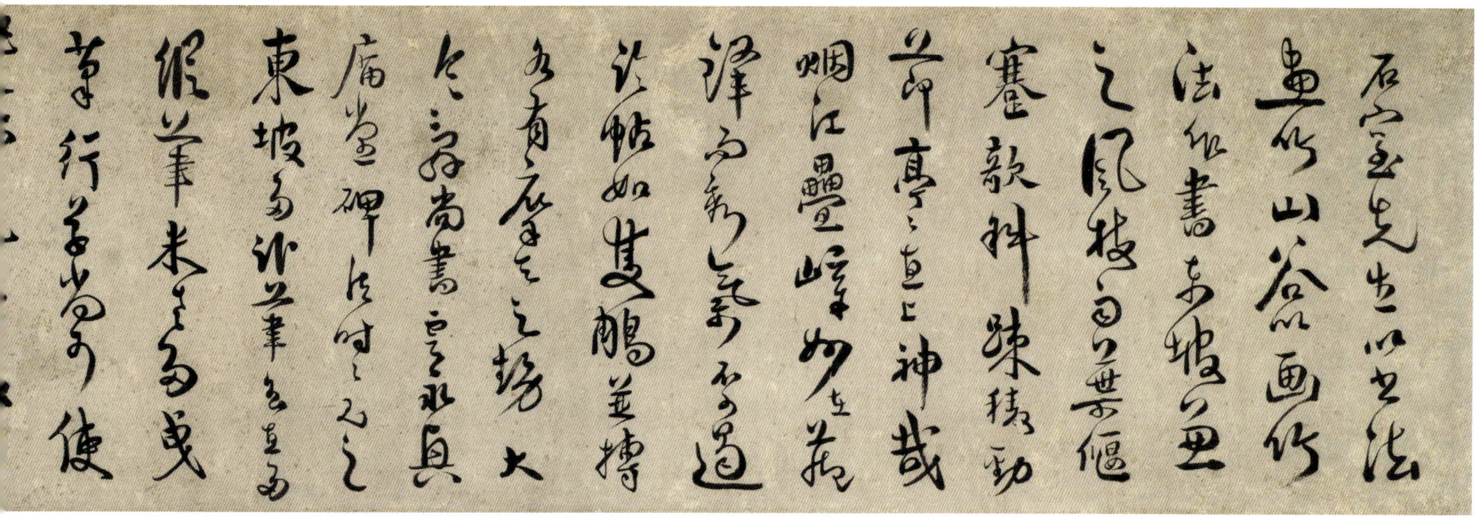

方以智草书论书卷

明末清初
桐城市博物馆藏
纵 123、横 20 厘米
1985 年安徽省安庆地区桐城县文化馆移交

纸本，草书。文曰："石室先生以书法画竹，山谷以画竹法作书，东坡兼之。风枝雨叶，偃蹇攲斜；疏棱劲节，亭亭直上。神哉！烟江叠嶂，妙在藏锋，而秀气不可遏。临帖如双雕并搏，各有摩天之势。大令《辞尚书》、虞永兴《庙堂碑》法，时时见之。东坡多卧笔，鲁直多纵笔，米老多曳笔，行草尚可，使作《黄庭》《乐毅》，则不能矣。王履道云：学坡者剑拔弩张，骥奔猊抉，则不能无。至于尺牍狎书，姿态横生，不矜而妍，不束而严，不轶而豪。萧散容与，霏霏如甘雨之霖；森疏掩映，熠熠如从月之星；纡余宛转，洒洒如萦玺之丝，恐学者未至也。徐季海之浊在跛偃，坡得之；李北海之浊在倚斜，米得之。山谷曰：要须年高手硬，心意闲澹，乃入微耳。"署款"浮山愚者"，钤"退藏于密"朱文印。

方以智（1611~1671年），字密之，号鹿起，又号曼公。安庆府桐城（今安徽桐城）人。明崇祯十三年（1640年）进士，任翰林院检讨等职。早年与陈贞慧、冒襄、侯方域等参加复社活动，世称"明末四公子"。晚年避清为僧，改名弘智，字无可，别号"药地和尚"。博学工诗，著有《通雅》《物理小识》《药地炮庄》等，有《浮山全集》行世。

查士标水墨山水轴

明末清初
桐城市博物馆藏
纵 119.5、横 40 厘米
1985 年安徽省安庆地区桐城县鲁谼乡板桥村方永辉处征集

纸本，水墨。淡墨枯笔，绘崇山峻岭、幽径流泉，其间牧童横吹短笛，村叟泛舟垂钓，诗翁徐步高吟。画面疏密有致，意境淡泊。右上有行书五言律诗一首：“我自经桥上，春风明练群（裙）。放言爱庄叟，笑癖如绿云。寻乐清晨出，吟诗尽日闻。沧浪可濯足，常向到斜曛。”署款“乙卯二月查士标”，下钤“士”“标”白文印，左下钤“春山”白文印。

查士标（1615~1698年），字二瞻，号梅壑散人。徽州府海宁（今安徽休宁）人，流寓扬州。明末诸生。精鉴别，擅山水。初学倪瓒，后参吴镇、董其昌笔法，用笔不多，风神懒散，气韵荒寒，时评为逸品。与同里汪之瑞、孙逸、释弘仁合称“海阳四家”。著有《种书堂遗稿》。

我自經橋上來風以綠羣
羽之量華何嚶麗鄉綠
雲居氣清晨出吟詩者
日閱浪痕而濯足常向
到剎睢
乙卯六月查士標

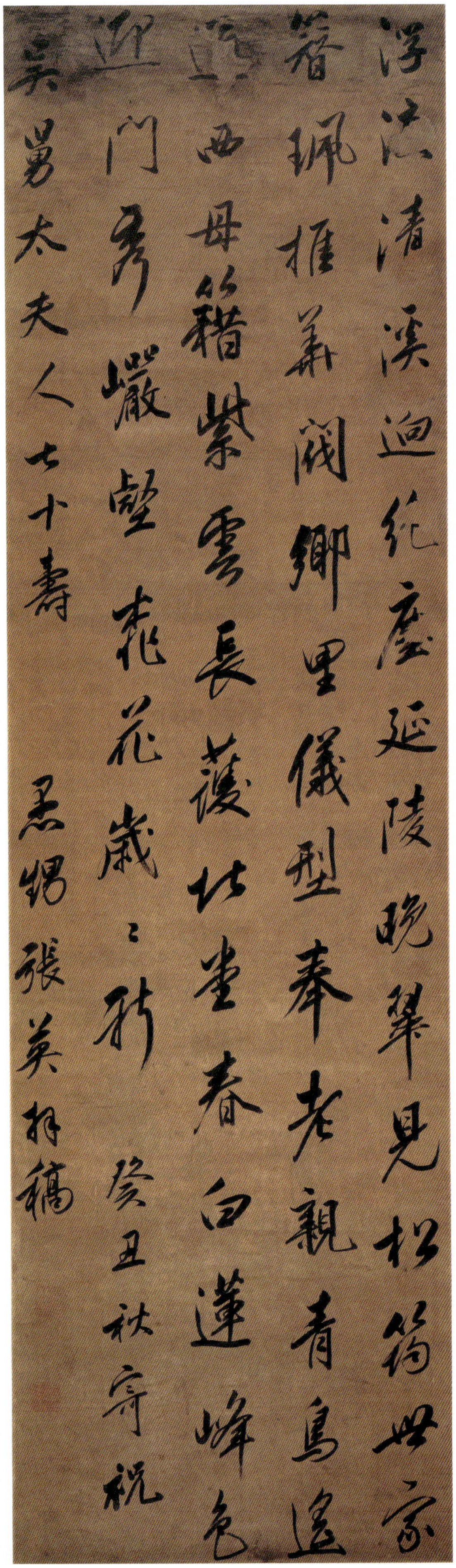

张英行书七言律诗轴

清代
桐城市博物馆藏
纵 169、横 49 厘米
2004 年征集

纸本，行书。诗曰："浮流清溪迴绝尘，延陵晚翠见松筠。世家簪珮推算阀，乡里仪型奉老亲。青鸟遥题西母籍，紫云长护北堂春。白莲峰色迎门秀，岩壑桃花岁岁新。"署款"癸丑秋寄祝吴太夫人七十寿，愚甥张英拜稿"，钤"张英之印"朱文印和"太史氏"白文印。结构疏朗，字体秀润。

张英（1638~1708年），字敦复，号乐圃。安徽桐城人。清康熙六年（1667年）进士，累官至文华殿大学士、礼部尚书，并任纂修《大清一统志》《渊鉴类函》总裁官。殷勤供职，淡泊宁静，康熙赞其有古大臣之风。卒谥文端。著有《笃素堂诗集》《笃素堂文集》《聪训斋语》等。此轴为张英于康熙十二年（1673年）所作祝寿诗。

边寿民秋滩栖息图中堂

清代
桐城市博物馆藏
纵 171、横 86 厘米
1985 年安徽省安庆地区桐城县文化馆移交

纸本，水墨。以淡墨绘芦苇数茎，以泼墨法绘四只秋雁，神态各异。一对卧息芦间，一只回首云端，另一只张翼下落。画面左上角有行书七言绝句一首：“江村稻熟水平沙，塞雁南归万里家。一夜西风吹不断，霜清月白卧芦花。”署款“边寿民”，钤“颐公”“寿民”白文印。

边寿民（1684~1752年），一名维祺，字颐公，号苇间居士。江苏山阳（今江苏淮安）人。清诸生。彭朗峰《历代画史汇传》称其能画花卉翎毛，泼墨芦雁尤为著名。工诗，且精书法。

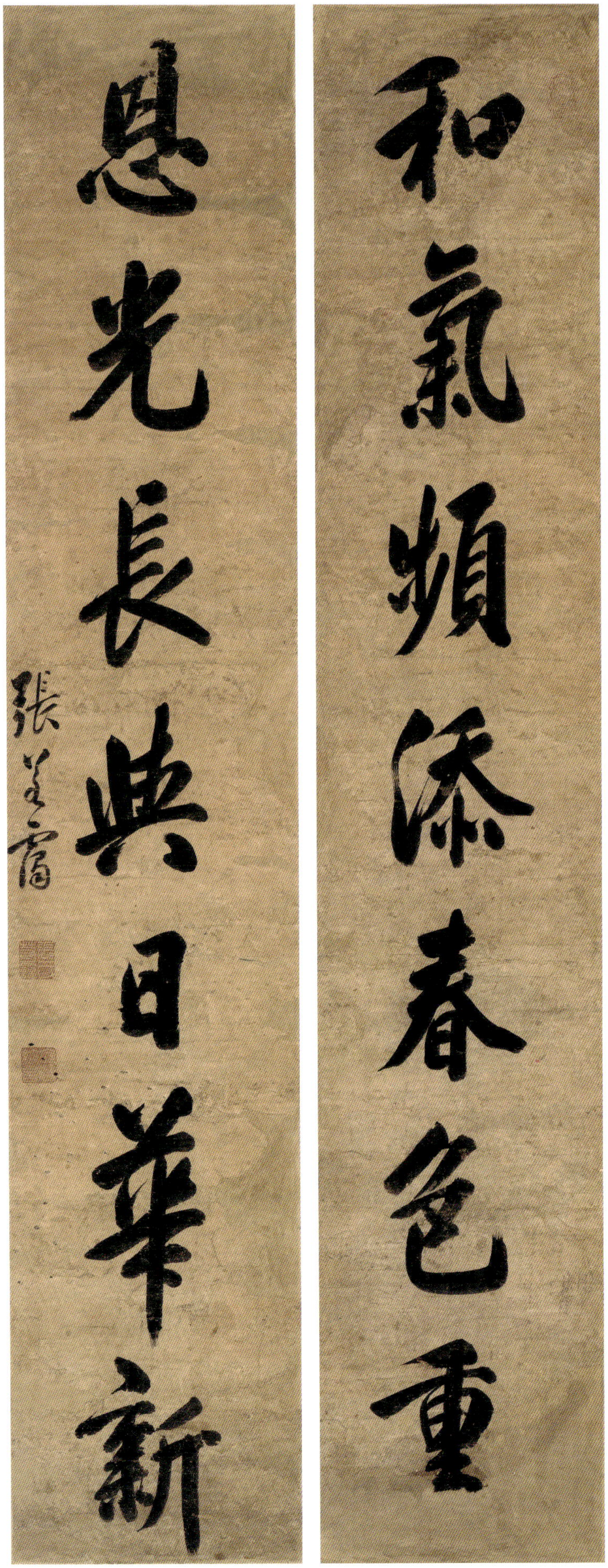

张若霭行书七言对联

清代
桐城市博物馆藏
纵 125、横 25 厘米
1996 年征集

纸本，行书。上联“和气频添春色重”，下联“恩光长与日华新”。署款“张若霭”，右上钤“御赐小方壶”朱文印，款下钤“张氏若霭”“命使纳言”白文印。

张若霭（1713~1746年），字晴岚，号景采（张令仪《读画辑略》作字景采，号晴岚），又号炼雪、炼雪道人、晴岚居士。安徽桐城人。清代名臣张英之孙、张廷玉之子。雍正十一年（1733年）进士，官至礼部尚书、翰林编修、通政司。善书法、山水、花鸟、鱼虫，得王穀祥、周之冕遗意。常喜写折枝荷花，赋色虽沉秾而有清艳之感，写叶则纯以墨染，具有超脱尘俗之风韵。精鉴定，富收藏，内府所藏书画名迹多经其题品鉴别。

张若澄水墨山水中堂

清代
桐城市博物馆藏
纵 120、横 62 厘米
1985 年征集

纸本，水墨。取《御制赋》中“僧敲月下门”意，以工细的手法绘制出崇山峻岭中藏一古刹，夜霭沉沉，老僧踏月归来，悠然举袂，独扣山门。画面左上角有楷书五言诗一首：“月上惊栖鸟，山僧归自邻。应门乏五尺，叩扇借孤筇。小立莓苔滑，低临松竹匀。上人权在外，守者未生嗔。讵湿袈裟露，凭参响寂尘。维摩不二法，司户有前因。剥啄原无碍，形容直逼真。本来敲绝好，推字想欺人。”署款“御制赋得‘僧敲月下门’。臣张若澄敬写并书”，钤“臣张若澄”白文印和“朝朝染翰”朱文印。

张若澄（1721~1770年），字境壑，号默耕。安徽桐城人。张若霭弟。乾隆十年（1745年）进士，官至内阁学士、礼部侍郎。绘画造诣颇高，见载于《熙朝名画录》。著有《潇碧轩集》。

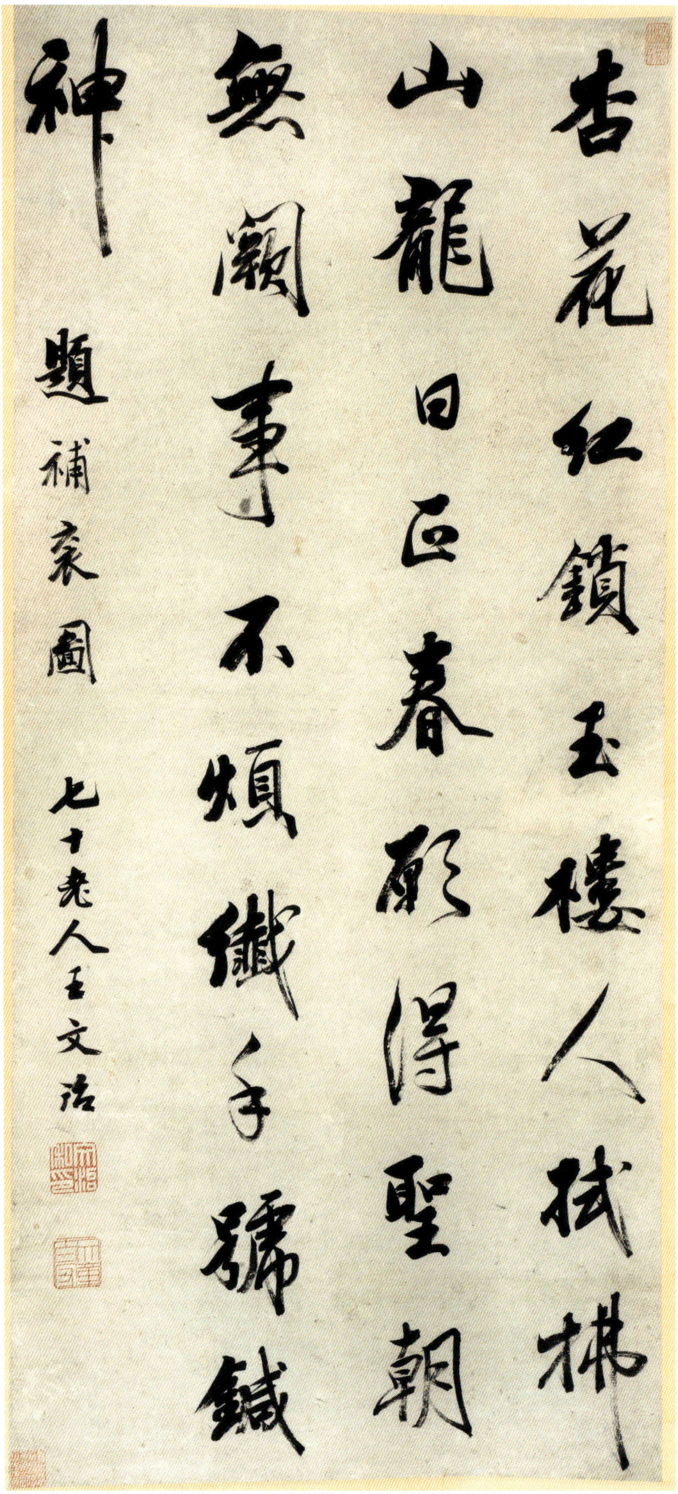

王文治行书中堂

清代
桐城市博物馆藏
纵 115、横 53.5 厘米
1985 年征集

纸本，行书。内容为七言绝句一首：“杏花红锁玉楼人，试拂山龙日正春。愿得圣朝无阙事，不烦纤手号针神。”署款“题《补衮图》。七十老人王文治”，钤“文治私印”白文印和“文章太守”朱文印。

王文治（1730~1802年），字禹卿，号梦楼。江苏丹徒（今江苏镇江）人。乾隆二十五年（1760年）探花，官至云南临安知府。工书法，先法褚遂良，后效“兰亭”“圣教”笔法。入京师，书为士大夫所宝贵。梁绍壬《两般秋雨庵随笔》称：“国朝书家，刘石庵相国专讲魄力，王梦楼太守专取神韵。”时有“浓墨宰相，淡墨探花”之说。祝嘉《书学史》亦称其书如“秋娘傅粉，骨格清纤”。

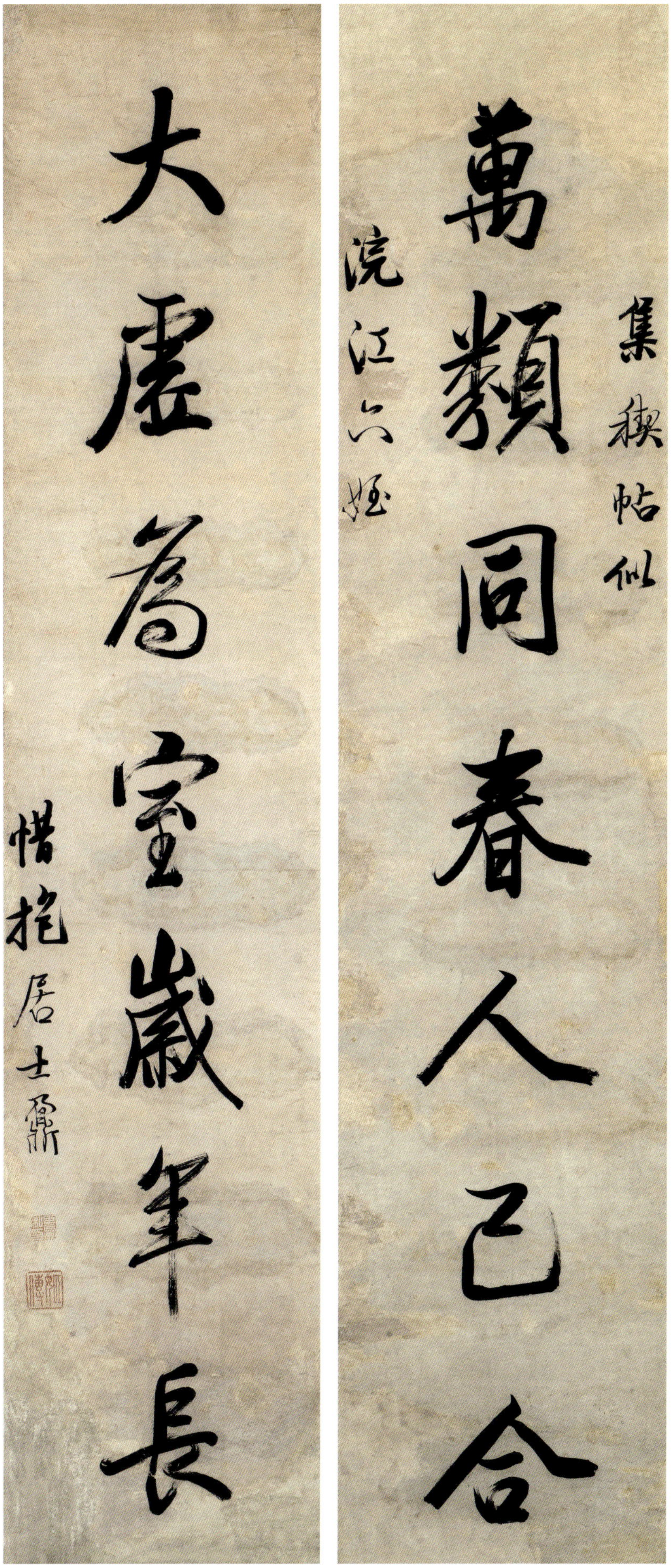

姚鼐行书七言联

清代
桐城市博物馆藏
纵 122、横 27 厘米
1985 年征集

纸本绫裱，行楷书。上联“万类同春人已合”，下联“太虚为室岁年长”。上款“集《禊帖》似浣江六姪”，落款“惜抱居士鼐”，钤“臣鼐制印”白文印和“姬传”朱文印。

姚鼐（1732~1815年），字姬传。安徽桐城人。乾隆二十八年（1763年）进士，历任礼部主事、刑部郎中、《四库全书》纂修等官。为桐城派古文大家。晚年致力书法，专精王献之，格调疏逸秀拙，不堕时俗。

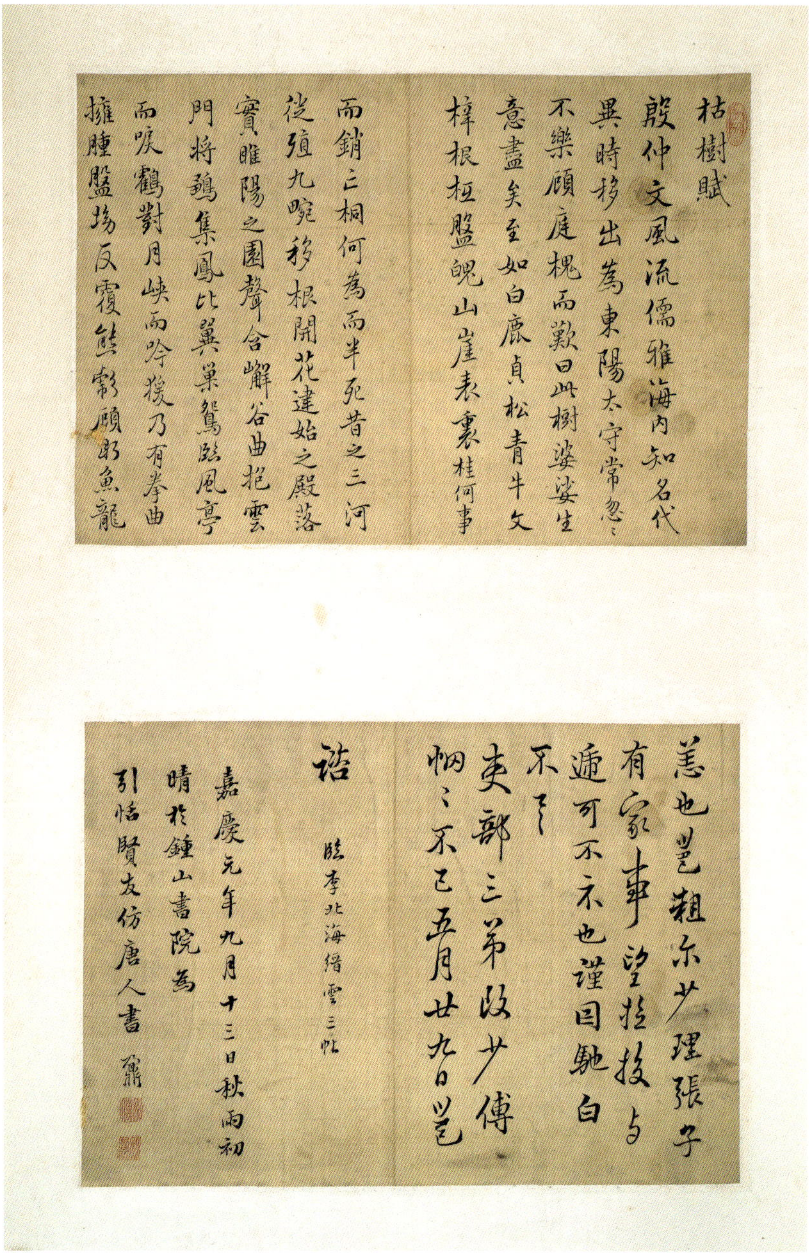

姚鼐临《枯树赋》《缙云三帖》轴

清代
桐城市博物馆藏
纵 28、横 42 厘米
1985 年安徽省安庆地区桐城县鲁洪乡板桥村方永辉处征集

绢本，行书。作于嘉庆元年（1796年），原为两页，现被装裱在同一立轴上。第一页为节临唐代书法家褚遂良《枯树赋》。文曰：“殷仲文风流儒雅，海内知名。代异时移，出为东阳太守，常忽忽不乐，顾庭槐而叹曰：‘此树婆娑，生意尽矣！’至如白鹿贞松，青牛文梓，根柢盘魄，山崖表里。桂何事而销亡，桐何为而半死？昔之三河徒殖，九畹移根，开花建始之殿，落实睢阳之园。声含嶰谷，曲抱《云门》；将雏集凤，比翼巢鸳。临风亭而唳鹤，对月峡而吟猿。乃有拳曲拥肿，盘坳反覆；熊彪顾盼，鱼龙……”右上钤“得五楼”白文印。第二页为节临唐代书法家李邕《缙云三帖》。文曰：“……恙也。邕粗尔少理，张子有家事，望作投与，递可不示也。谨因驰白不具。吏部三弟改少傅，惘惘不已，五月廿九日邕谘。”署款“临李北海《缙云三帖》。嘉庆元年九月十三日，秋雨初晴，于钟山书院为引恬贤友仿唐人书。鼐”，钤“姬传”“姚鼐”朱文印。

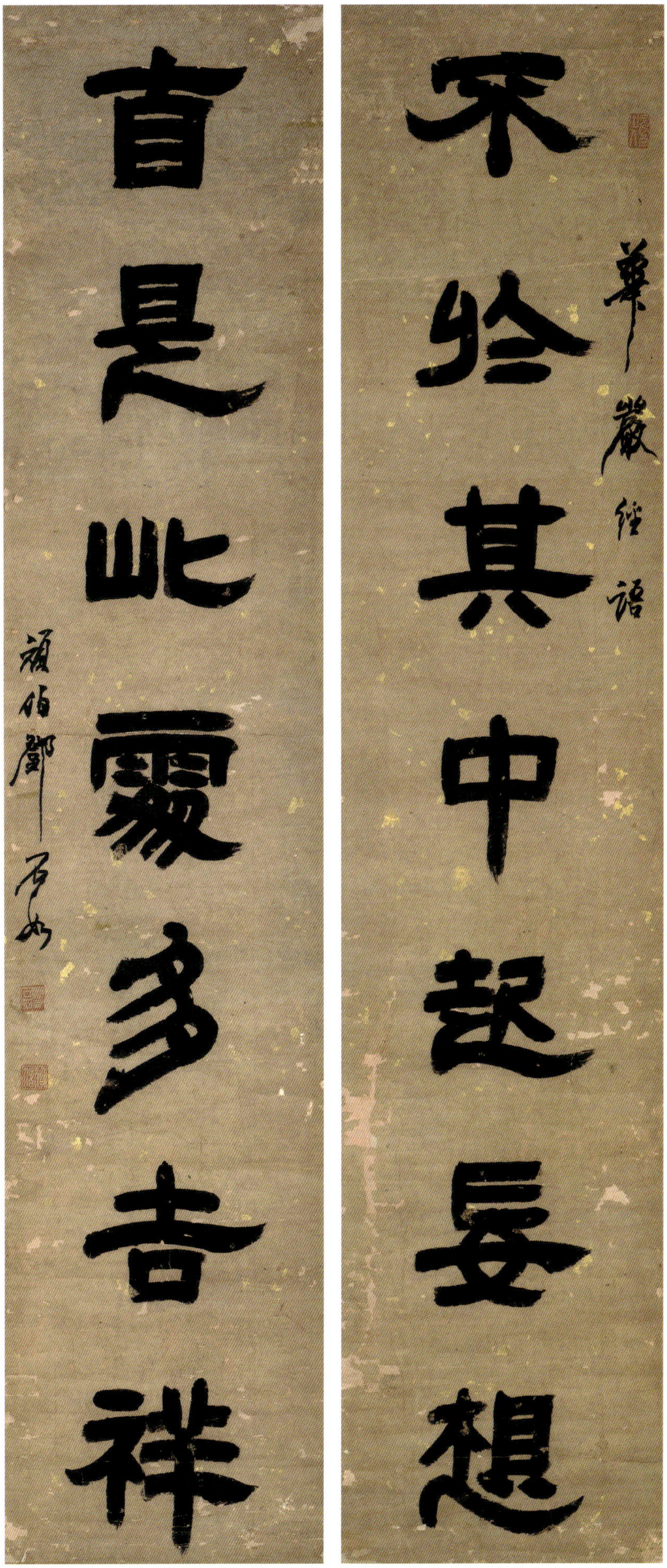

邓石如隶书七言联

清代
安庆博物馆藏
纵 114、横 24 厘米
1984 年征集

纸本，隶书。上联“不于其中起妄想”，下联“自是此处多吉祥”。上款“华严经语”，落款“顽伯邓石如”，右上钤“完白山人”朱文印，落款下钤“邓石如”“顽伯”白文印。

邓石如（1743~1805年），初名琰，字石如，后避嘉庆帝讳，遂以字行，改字顽伯，号完白山人、笈游道人等。安徽怀宁人。清代杰出书法家、篆刻家。精四体书，尤精篆隶，沉雄朴厚，自成面目，被誉为清代碑学书法宗师。其篆刻得力于书法，亦独辟蹊径，苍劲庄严，流利清新，世称“邓派”，又称“皖派”。

邓石如草书七言联

清代
望江县博物馆藏
纵 163、横 26.5 厘米
1983 年陈洪先生捐赠

纸本，草书。上联“画帘花影听莺语”，下联“明月箫声唤鹤骑”。署款“顽翁”，上联右上钤“凤桥麟坂旧茅庐”朱文印，款下钤“邓氏完白”“邓石如字顽伯”白文印。此联为邓石如晚年所作，作品以篆隶笔法入行草书，气象开阔，笔法老辣，具金石气。

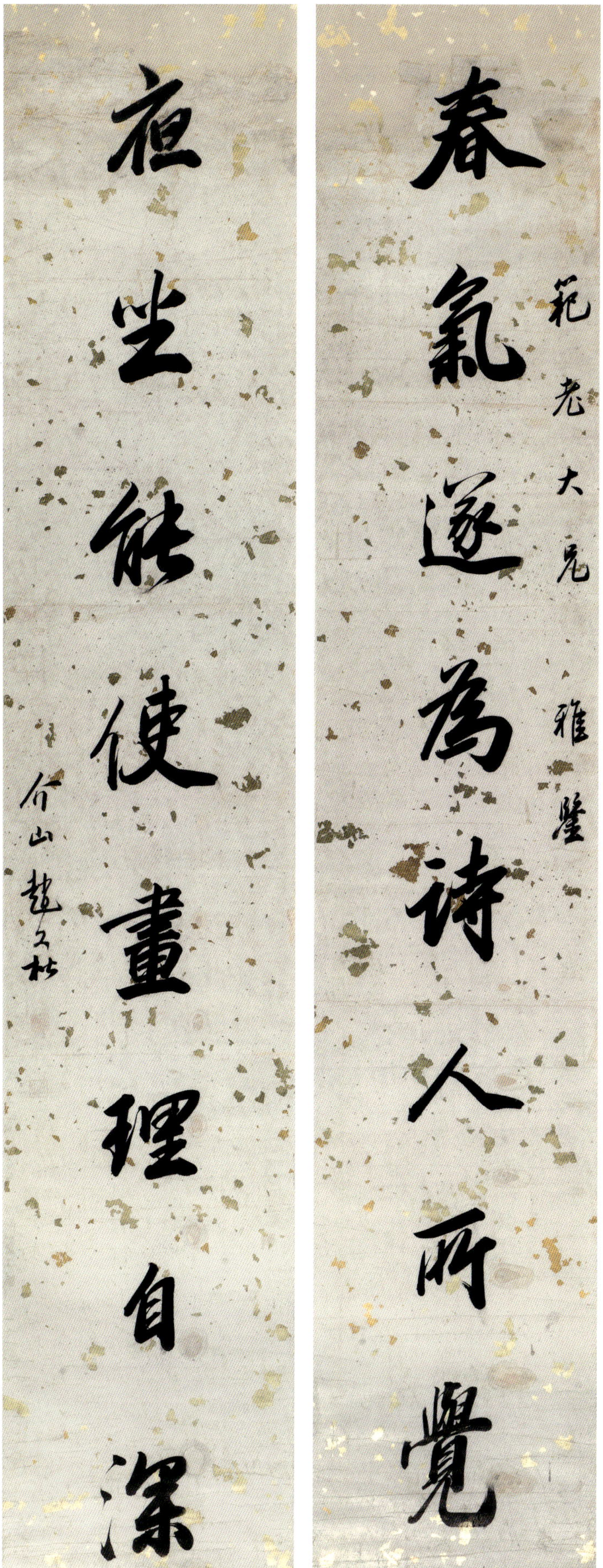

赵文楷行书八言联

清代
太湖县博物馆藏
纵 175、横 33 厘米
1984 年 7 月征集

洒金纸本，行楷书。上联“春气遂为诗人所觉”，下联“夜坐能使画理自深”。上款“范老大兄雅鉴”，落款“介山赵文楷”，钤“赵文楷印”白文印和“介山”朱文印。

赵文楷（1760~1808年），字逸书，号介山。安徽太湖人。嘉庆元年（1796年）状元，授翰林院修撰。嘉庆五年（1800年），奉命出使琉球，作为册封加冕琉球国王的正使。册封礼毕，琉球国王赠以厚礼，坚却不受，举国敬之，特为立祠。后出任山西雁平兵备道，卒于任。著有《楚游稿》《独秀草堂古今文》《槎上存稿》等。

姚元之隶书七言联

清代
安庆博物馆藏
纵 120、横 23 厘米
1983 年 5 月安徽省安庆市文物商店拨交

云龙纹蜡笺本，隶书。上联“海屋筹添东溟鹤”，下联“莱衣彩耀北堂萲”。署款“道光廿有七年丁未八月桐城姚元之”，下钤“姚氏”白文印和“元”朱文印。此联结构遒密，老劲壮严，波撇并出，颇得汉碑神韵，落款尤为精绝。

姚元之（1773~1852年），字伯昂，号荐青，又号竹叶亭生，晚号五不翁。安徽桐城人。嘉庆十年（1805年）进士，官至左都御史、内阁学士。工隶书、行草，亦善画。著有《竹叶亭诗稿》等。

虞蟾设色山水扇面

清代
安庆博物馆藏
纵 29.3、横 56.5 厘米
1988 年 6 月于江苏省扬州市征集

纸本绫裱，设色。画中绘有老人、木桥、山水、杂树、房屋等，充满“小桥流水人家”的意境。署款“庚寅秋杪写，为东园大兄雅嘱。步青虞蟾”，钤“虞蟾”朱文印。

虞蟾（1803～1882年），字步青，号半村老人。江苏扬州人。工山水、花鸟。太平天国时期应聘至天京（今江苏南京）绘制壁画，太平天国失败后，回扬州以卖画为生，年八十潦倒而终。

郑珊设色山水扇面

清代
安庆博物馆藏
纵 16.8、横 51 厘米
1983 年征集

洒金纸本，设色。远处崇山叠峦，湖面泛舟，眼前绿树成荫。署款“拟王司农麓台笔，八十二叟郑珊作”，钤“雪湖”朱文印。

郑珊（1810~1897年），字雪湖，号埜桥。安徽怀宁人，回族。早年以卖蒸糕为生，自习书画，历二十年始成名。善画山水，笔意苍厚，黄宾虹曾从其学画，时人称其与弟郑琳为“江南布衣二郑”。

郑琳指画鳜鱼册页

清代
安庆博物馆藏
纵23、横38厘米
1983年征集

纸本，水墨。绘鳜鱼水藻图，构图疏朗有致，用墨浓淡相间，线条刚柔相济。画中两条鳜鱼阔口，隆背劲鳍，形神兼备。署款“郑琳。指头画”，钤“牧山”朱文印。郑琳（1819~1898年），号牧山。安徽怀宁人，回族。郑珊弟。十余岁开始学画，擅人物、花卉、山水、翎毛。另从高琪佩习指画，在当时画坛颇有名望。

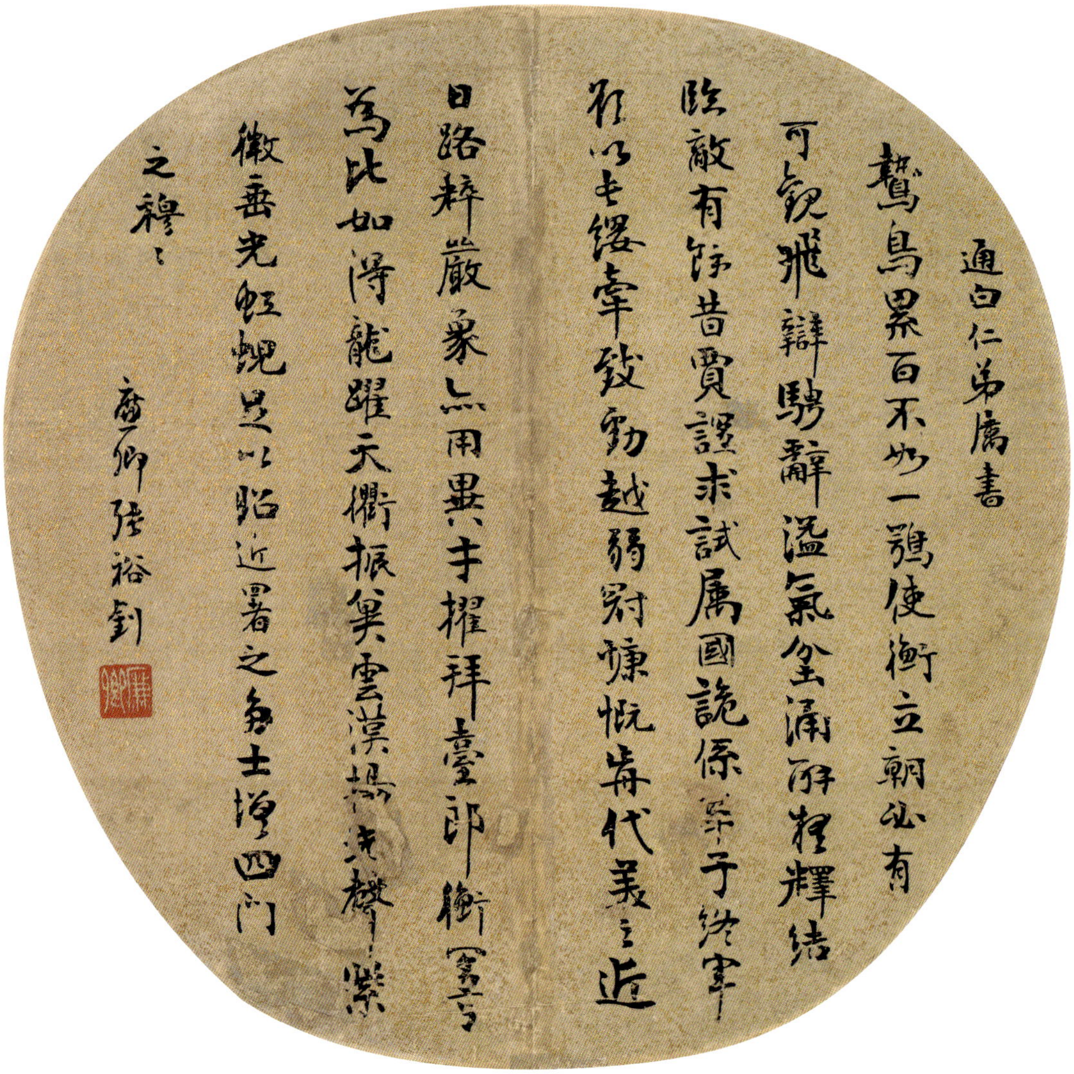

张裕钊行书团扇面

清代
安庆博物馆藏
纵 50.5、横 38.2 厘米
1983 年征集

洒金绢本，行书。圆形扇面，行书孔融《荐祢衡表》节选。文曰：“鸷鸟累百，不如一鹗。使衡立朝，必有可观。飞辩骋辞，溢气坌涌。解疑释结，临敌有余。昔贾谊求试属国，诡系单于，终军欲以长缨，牵致劲越。弱冠慷慨，前代美之。近日路粹、严象，亦用异才擢拜台郎，衡宜与为比。如得龙跃天衢，振翼云漠，扬（先）声紫微，垂光虹蜺，足以昭近署之多士，增四门之穆穆。”上款“通白仁弟属书”，落款“廉卿张裕钊”，钤“廉卿”白文印。

张裕钊（1823~1894 年），字廉卿，一作濂卿，号濂亭。湖北武昌（今湖北鄂州）人。道光二十六年（1846 年）举人，授内阁中书，曾入曾国藩幕府，后辞官。曾主讲江宁、湖北、直隶、陕西各书院。其书法造诣极深，融北碑、南帖于一炉，创造了影响晚清书坛百年之久的“张体”。

李鸿章行书八言联

清代
太湖县博物馆藏
纵 153、横 40 厘米
1989 年 4 月征集

纸本，行书。上联“存澹泊怀殊俗嗜好”，下联“得雄直气为古文章”。上款“惺庵姻兄大人属”，落款“弟李鸿章”，钤“青宫太傅”朱文起首印，款下钤“大学士肃毅伯”白文印和“李鸿章印”朱文印。

李鸿章（1823~1901年），字少荃。安徽合肥人。道光二十七年（1847年）进士，晚清军事重臣，历任江苏巡抚、两江总督、直隶总督兼北洋大臣等。擅书法，宗王羲之，旁及米、苏，以行书名天下。

陈若木山水图卷

清代
安庆博物馆藏
纵 24、横 213 厘米
1986 年 1 月 16 日江苏省扬州市征集

纸本，水墨。画中重丘复岭，草木丰茂，几处房屋于云雾中若隐若现，两条溪流从丘峦间流出，溪石磊磊，水草挺立。远处瀑布前有石台，台上静坐两人。画幅左侧山峦渐淡，空白处以行草书题诗三首："云外结茆茨，木末通樵路。行歌不见人，苍苍入烟雾""结屋天台顶，风吹芝术香。流云穿户牖，不觉湿衣裳""风磴吹阴雪，云门吼瀑泉。杜陵诗似画，曹霸笔疑仙"。此图为杜甫诗意画，"风磴吹阴雪，云门吼瀑泉"句，出自杜甫《陪郑广文游何将军山林十首》。画作仿石涛笔法，构图宏伟，用笔老辣恣肆，气韵于笔墨飞舞间自然呈现。所题诗句意境深邃，既点明了画题，又深化了画意，为陈若木晚年诗、书、画合璧的佳作。署款"辛卯春日，仿大涤堂笔。若木"，钤"陈白（伯）子""若木"朱文印。

陈若木（1839~1896年），原名炤，字崇光，后改字若木、栎生。江苏扬州人。初为雕花匠人，后参加太平天国，随老师虞蟾去天京（今江苏南京）绘制壁画，太平天国失败后以卖画为生。山水、人物、花卉俱能，兼功书法、诗词。黄宾虹曾在扬州从其学花鸟。此卷为陈若木52岁时作，均用水墨，尤见"墨即是色"，笔墨雄健放肆，达到诗中有画、画中有诗的境界。

绿树阴浓夏日长楼台倒影入

池塘水精簾动微风起满架蔷

薇一院香 伯侯大兄属 杨守敬

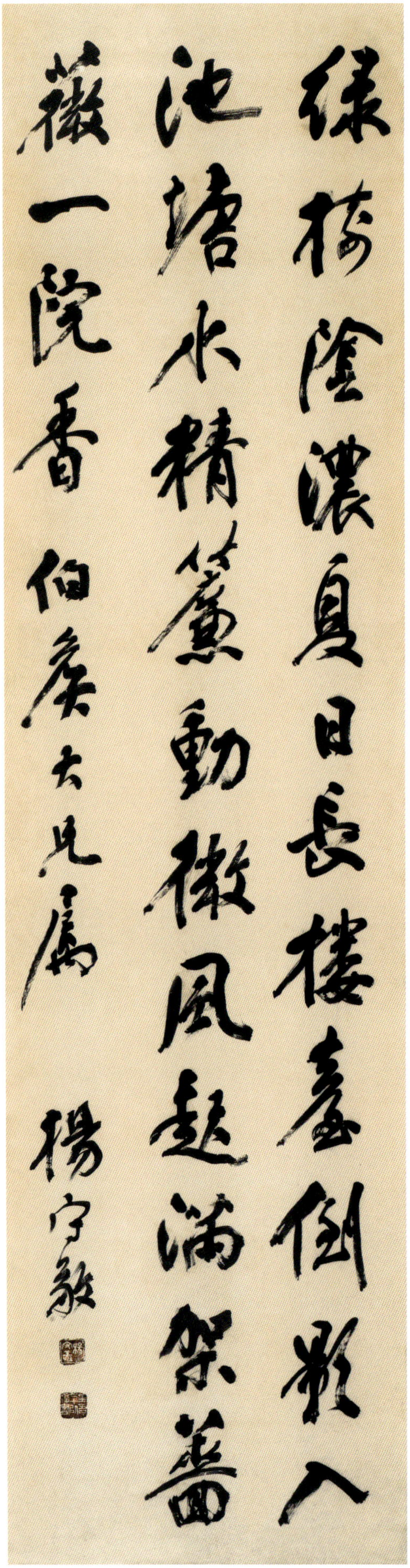

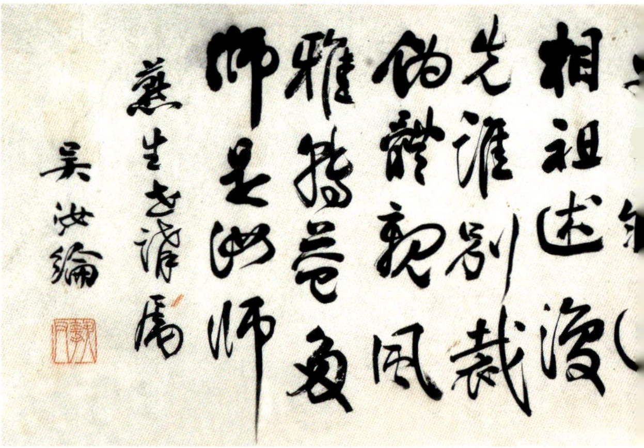

杨守敬行书七言绝句轴

清代
安庆博物馆藏
纵 144、横 38 厘米
1982 年 8 月 2 日于江苏省扬州市文物商店购买

纸本，行书。诗曰："绿树阴浓夏日长，楼台倒影入池塘。水精帘动微风起，满架蔷薇一院香。"上款"伯侯大兄属"，落款"杨守敬"，钤"杨守敬""星吾七十以后书"白文印。笔力浑厚遒劲，神气贯通，一气呵成。

杨守敬（1839～1915年），字鹏云，号惺吾（一作星吾），晚号邻苏老人。湖北宜都人。历史地理学家、金石文字学家、书法家、藏书家。工书画，诸体俱长。1880年前往日本宣传碑学书法，对近代日本书坛影响巨大，被称为"日本现代书法之父"。

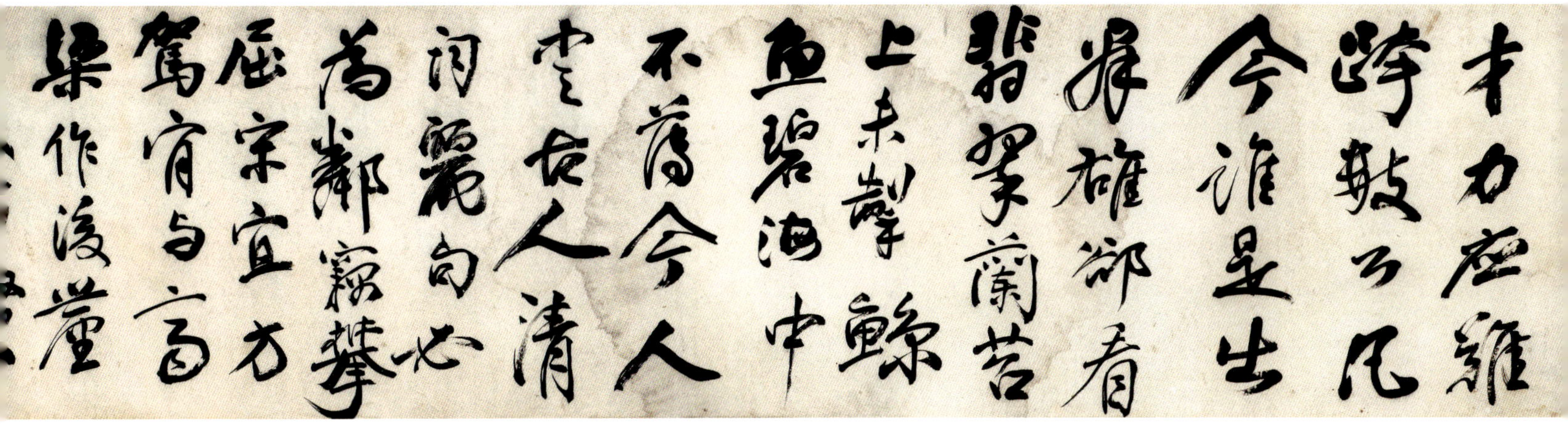

吴汝纶杜甫诗卷

清代
安庆博物馆藏
纵 22.2、横 127.6 厘米
1978 年安徽省安庆市文物商店拨交

纸本，行草。内容为杜甫《戏为六绝句》中的三首。文曰："才力应难跨数公，凡今谁是出群雄。却看翡翠兰苕上，未掣鲸鱼碧海中""不薄今人爱古人，清词丽句必为邻。窃攀屈宋宜方驾，闲与齐梁作后尘""未及前贤更勿疑，递相祖述复先谁。别裁伪体亲风雅，转益多师是汝师"。署款"燕生世讲属，吴汝纶"，钤"执父"朱文印。

吴汝纶（1840~1903年），字挚甫。安徽桐城人。清末桐城派著名文学家、教育家。同治四年（1865年）进士，曾国藩的四大弟子之一。曾任深州、冀州知州，主讲莲池书院，晚年被任命为京师大学堂总教习，并创办桐城学堂。著述丰富，其子汇辑为《桐城吴先生全书》。

姜筠设色山水扇面

清代
安庆博物馆藏
纵 50.5、横（连扇骨）32 厘米
1983 年 5 月安徽省安庆市文物店拨交

纸本，设色。画面远近高低起伏的山峦，苍劲古朴的松柳，两叶小舟飘荡在波光粼粼的水面，两位渔翁垂钓其间。署款“山尽溪初广，人闲舟自行。光绪乙巳腊月，略仿李晞古。皖江姜筠”，钤朱文印，印文模糊不清。

姜筠（1847~1919 年），原名诗，字颖生，号宜轩、宜翁，别号大雄山民、大雄山人。安徽怀宁人。光绪十七年（1891 年）举人，官礼部主事。工书画，书法宗苏轼，山水学王翚，兼善篆刻。精于鉴别，家藏甚富。

陈昔凡青绿山水图轴

清代
安庆博物馆藏
纵 171.5、横 52 厘米
1983 年 5 月安徽省安庆市文物店拨交

纸本，青绿设色。近景为古松竹林，小桥流水人家，远景为崇山峻岭，瀑布流泉，白云深处，寺观依稀可见。无款，仅于左下钤“衍庶之印”朱文印和“昔凡居士”白文印。构图严谨，用笔细腻，设色浓重。

陈昔凡（1850~1913年），字衍庶，号石门湖叟。安徽怀宁人。光绪元年（1875年）中举，后京师会试录取贡生。官至四品，代理奉天新民知府。长于诗赋、书法和绘画，精于收藏。陈昔凡膝下无子，三房兄长陈衍中将四子陈乾生过继给他为子。陈乾生即陈独秀。

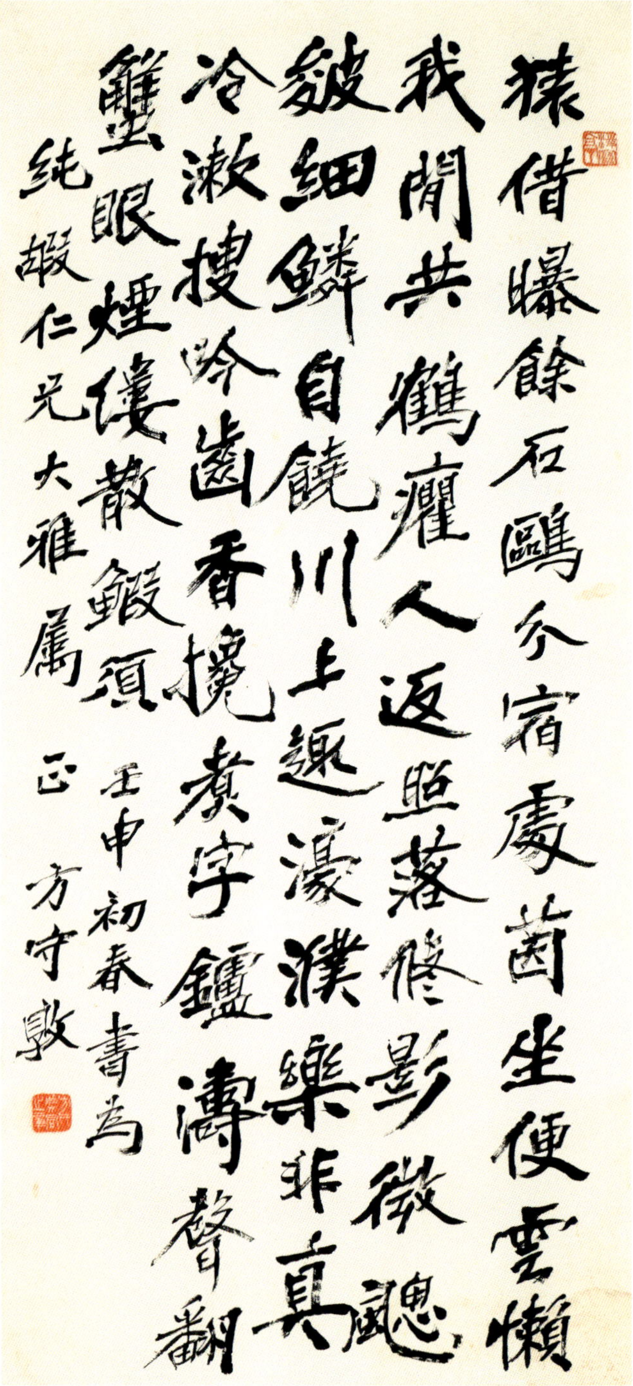

方守敦行书诗轴

近现代
安庆博物馆藏
纵 86.5、横 40.8 厘米
1978 年安徽省安庆市文物商店拨交

纸本，行书。诗曰："猿借曝余石，鸥分宿处茵。坐便云懒我，闲共鹤癯人。返照落修影，微飔皴细鳞。自饶川上趣，濠濮乐非真。冷漱搜吟齿，香挽煮字炉。涛声翻蟹眼，烟缕散虾须。"署款"壬申初春书为纯嘏仁兄大雅属正。方守敦"，钤"凌宝亭"朱文起首印，款下钤"方氏槃君之章"白文印。

方守敦（1865~1939年），字常季，号槃君。安徽桐城人。曾随吴汝纶往日本考察学制，回国后，力助吴氏创办桐城学堂，支持陈独秀在安徽兴办公学。1904年与李光炯等创办芜湖安徽公学。酷爱书法，尤善行楷。著有《凌寒吟稿》。

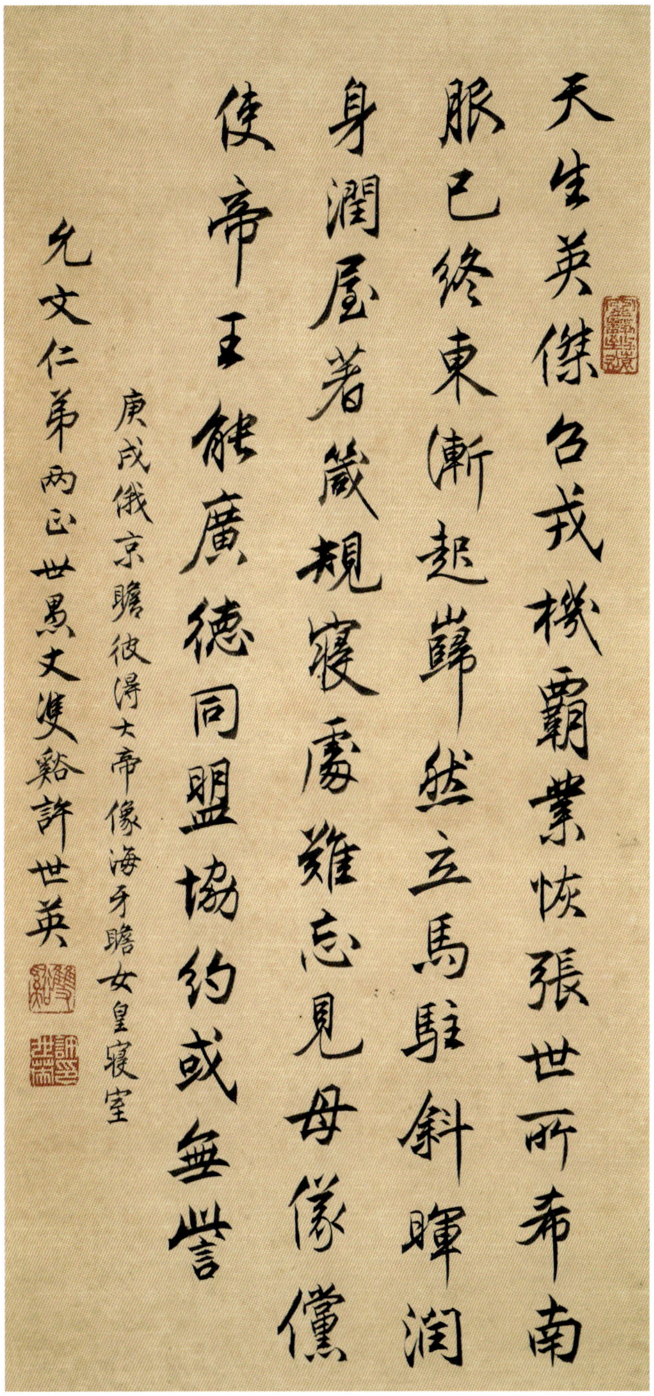

许世英七言律诗轴

近现代
安庆博物馆藏
纵 64.7、横 31.6 厘米
1983 年 5 月安徽省安庆市文物店拨交

纸本，行楷书。诗曰："天生英杰召戎机，霸业恢张世所希。南服已终东渐起，岿然立马驻斜晖。润身润屋著箴规，寝处难忘见母仪。倘使帝王能广德，同盟协约或无訾。"署款"庚戌俄京瞻彼得大帝像，海牙瞻女皇寝室。允文仁弟两正，世愚丈双溪许世英"，右上钤"宁静致远"朱文印，款下钤"双溪"朱文印和"许世英印"白文印。

许世英（1873~1964年），字静仁，一作俊人，晚号双溪老人。安徽至德（今安徽东至）人。光绪二十三年（1897年）以拔贡生参加廷试。历任刑部主事、奉天高等审判厅厅长、司法总长、安徽省省长、国务总理、驻日大使等职。此诗轴作于清宣统二年（1910年），该年3月，美国邀请各国司法首长赴华盛顿参加万国司法制度及改良监狱会议，清政府任命徐谦为正代表、许世英为副代表参加会议，会后代表团考察了欧美十几个国家的司法制度。

柏文蔚行书七言联

近现代
安庆博物馆藏
纵 144、横 25 厘米
1997 年征集

纸本，行书。上联“闲情偷读中郎史”，下联“微笑拈藏贝叶经”。上款“天锡仁兄正之”，落款“甲戌仲冬柏文蔚”，下钤“柏文蔚印”朱文印和“烈武长寿”白文印。

柏文蔚（1876~1947 年），字烈武。安徽寿县人。1903 年毕业于安徽武备学堂，1904 年与陈独秀等创立岳王会，1905 年率岳王会成员加入同盟会。历任中华民国陆军第一军军长兼北伐军总指挥、安徽都督兼民政长、中国国民党中央执行委员、国民革命军第三十三军军长、国民政府委员等职。

何香凝设色猛虎图轴

近现代
安庆博物馆藏
纵 132、横 32 厘米
1979 年 10 月安徽省安庆市文物商店拨交

纸本，设色。画面为山涧中一下山猛虎，笔触圆浑质朴，意态生动逼真。署款“猛虎在山，藜藿不采。香凝”，右上钤“香凝四十后作”白文印，款下钤“何氏香凝”朱文印。

何香凝（1878~1972年），原名瑞谏，又名谏，号双清楼主。广东南海人。为中国民主革命的先驱，妇女运动的领袖。中国国民党左派杰出代表，中国国民党革命委员会主要创始人之一。其夫为国民党领袖廖仲恺，其子为无产阶级革命家廖承志。早年曾从高剑父习画，亦曾东渡日本，师从田中赖章，专功绘事。此轴为何香凝赠安庆籍保姆的临别纪念。

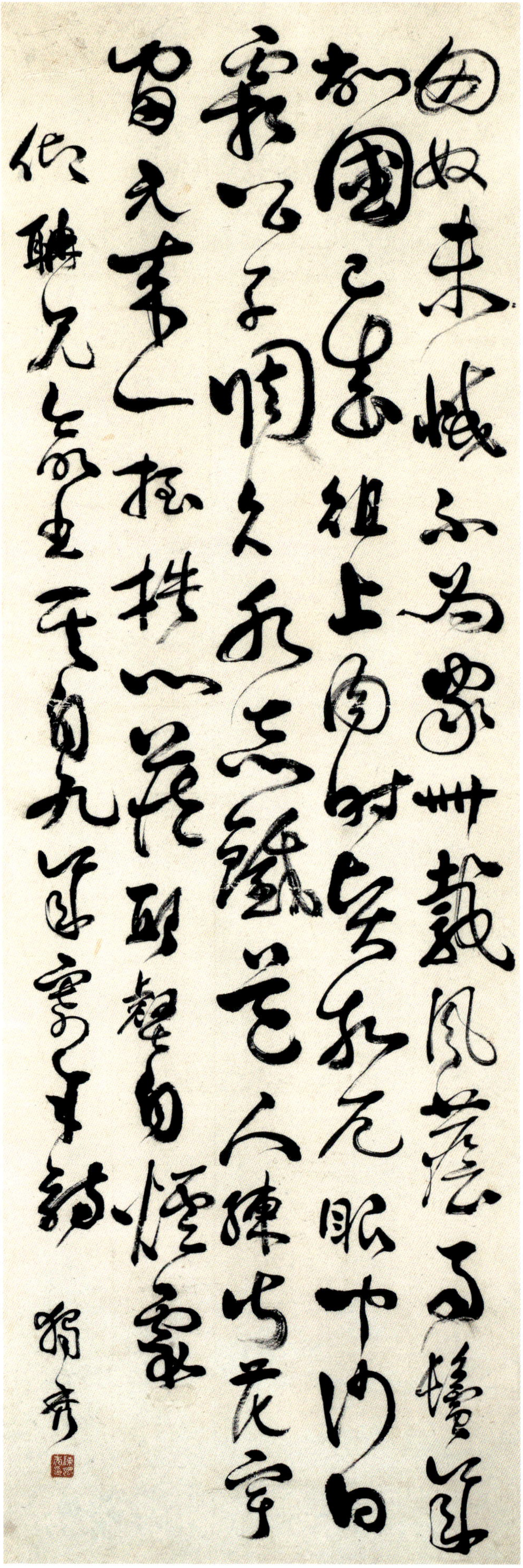

陈独秀草书潘赞化诗轴

近现代
桐城市博物馆
纵 135、横 46 厘米
1985 年征集

纸本，草书。诗曰："匈奴未灭不为家，卌载风尘两鬓华。故国已成俎上肉，时贤相厄眼中沙。白霜公子啁冰水，赤铁道人练火花。宇宙元来一桎梏，心藏邱壑自烟霞。"署款"仰聃兄命书其自九华寄余诗。独秀"，钤"陈独秀印"白文印。

陈独秀（1879~1942年），字仲甫。安徽怀宁人。就读于杭州中西求是书院，后留学日本。是新文化运动的主要倡导者，"五四运动的总司令"（毛泽东语），中国共产党创始人和早期领导人之一。此轴为陈独秀书潘赞化诗作。

潘赞化（1885~1959年），字赞华，晚号仰聃。安徽桐城人。曾与陈独秀等在安庆从事反清活动，后加入同盟会。1912年任芜湖海关监督。后至上海与陈独秀为邻，掩护其革命活动。

于右任行书五言联

近现代
安庆博物馆藏
纵 131.5、横 31 厘米
1983 年 5 月安徽省安庆市文物商店拨交

纸本，行书。上联“暗水流花径”，下联“清风满竹林”。上款“灌芝先生正”，落款“于右任”，钤“右任”白文印。联文气势磅礴，贯通上下，用笔游刃有余，融北碑于草书之中。

于右任（1879~1964年），原名伯循，字诱人，后以“诱人”谐音“右任”为名，别署“骚心”“髯翁”，晚年自号“太平老人”。陕西三原人。早年为同盟会会员，追随孙中山先生投身革命。精书法，尤擅魏碑、楷书、草书，首创“标准书”，被誉为“当代草圣”。

萧愻设色山水扇面

近现代
安庆博物馆藏
纵 17.5、横 52 厘米
1983 年征集

纸本，设色。取秋景，湖面上巨石嶙峋，水面烟波浩渺，蒹葭浮荡在水面上，秋意盎然。作者笔下境界气势苍茫，构图饱满，层次分明，用墨及赋彩浓重而精致。署款"《秋水蒹葭图》。乙未闰七月寄赠竹如七表兄鉴正，弟萧愻，时客都门"，下钤"萧""愻"白文印。

萧愻（1883~1944年），自谦中，号大龙山樵。安徽怀宁人。近代国画名家。早年师从姜筠学习山水画，后随筠赴京师，在京涉猎宋元诸家，声名渐起。因其喜用重墨，故有"黑萧"之称，又因其长期居于北京，时人又称之为"北萧"，与萧俊贤（人称"南萧"）并称"二萧"。

谭泽闿行书扇面

近现代
安庆博物馆藏
纵 18.3、横 51.5 厘米
1983 年 5 月安徽省安庆市文物商店拨交

泥金纸本，行书。内容出自曹丕《典论·自叙》。文曰：“余又学击剑，阅师多矣，四方之法各具，惟京师为善。桓灵之间，有虎贲王趣（应为王越）善斯术，称于京师。河南史阿言昔与趣游，具得其法，余从阿学精熟。”署款“秉钧仁兄法家正临。谭泽闿”，钤“瓶斋”朱文印。

谭泽闿（1889~1948年），字祖同，号瓶斋。湖南茶陵人。谭延闿之弟。清末授巡守道，分发湖北，适逢武昌起义爆发，遂绝意仕进。诗、书、画皆精，工行楷，尤擅榜书。民国时南京“国民政府”牌匾和上海、香港两家《文汇报》的报头即其所书。

懒悟设色山水中堂

近现代
安庆博物馆藏
纵 90、横 66.5 厘米
1983 年 5 月安徽省安庆市文物商店拨交

纸本，设色。近景为松柏柳槐、小桥流水人家，远景为崇山峻岭、瀑布流泉。重山复水，景色高深，用笔繁密，颇具苍茫之气。署款“戊子春为臣武仁兄作。懒悟”，钤“懒悟”白文印。

懒悟（1903~1969 年），俗姓李，名绩成，原名晓悟，号照思，晚称“莽张僧”。河南潢川人。曾赴日本学习绘画，并入林风眠门下习画，后客居安庆诸寺，以画自娱，不拘小节，以“懒和尚”闻名，遂改名懒悟。

王雪涛设色朝岁清供图轴

近现代
安庆博物馆藏
纵 101、横 31.6 厘米
1978 年安徽省安庆市文物商店拨交

纸本，设色。绘大口高瓶插牡丹和梅花，盘中置葡萄、柿子、石榴，盘外置一佛手。牡丹花瓣晕染出浓淡不同的层次，愈显雍容华贵。梅枝和花瓣多用细线勾勒，显得飘逸脱俗。瓜果的画法更注重写实。构图合理，色彩艳而不俗，为雅俗共赏之佳作。署款“岁朝清供。二金捷堂有此法。癸未嘉平雪涛写”，款下钤“迟园”朱文印和“王雪涛印”白文印，右下钤“见之象外”朱文印。

王雪涛（1903~1982年），原名庭钧，字晓封，后改名涛，字雪涛。河北成安人。现代著名画家，原北京画院院长。

黄胄墨驴图轴

1973年
安庆博物馆藏
纵88.8、横69.3厘米
2015年10月黄浩同志捐赠

纸本，水墨。绘毛驴六头，姿态各异，形神兼备，栩栩如生。画作将速写的笔法融于水墨画中，笔墨流畅劲健、自然奔放。署款“黄镇同志指教。一九七三年夏，黄胄画”，钤“黄胄画印”朱文印。

黄胄（1925~1997年），原名梁淦堂，字映斋。河北蠡县人。早年参加革命，任西北军区战士读物出版社编辑。1949年5月参加中国人民解放军，从事部队美术工作，任西北军区政治部文化创作员，美术组组长。1955年任总政治部文化部创作员，1981年任中国画研究院副院长。擅中国画，尤精速写。常深入甘肃、青海、新疆等地，创作反映当地风土人情的绘画，尤善画驴。画风热烈，个性鲜明。曾为钓鱼台、中南海、人民大会堂等处作画二百余幅。有《黄胄作品选集》《黄胄速写集》等。此轴为1973年黄胄为时任文化部部长的黄镇同志所画。

唐云设色雄鹰图

1978 年
安庆博物馆藏
纵 114、横 54.4 厘米
2015 年 10 月黄浩同志捐赠

纸本，设色。绘雄鹰立于劲松枝干上。雄鹰体态健硕，羽翼丰满，神态傲然不群。松树枝干粗壮，松针尖利。笔墨沉着厚重，笔法雄厚老辣，显示出深厚的艺术功底。署款“黄镇同志正之。唐云画。一九七八年三月廿日”，款下钤“唐云私印”朱文印，左下钤“老药手笔”白文印。唐云（1910~1993年），字侠尘，别号药尘、药翁、大石翁等。浙江杭州人。1949年前先后在新华艺术专科学校、上海美术专科学校教授中国画。擅长花鸟，能书会诗，作品被国内外博物馆、美术馆收藏。曾任上海中国画院副院长、代院长、名誉院长等，为中国书法家协会上海分会名誉理事、西泠印社理事、上海市文物保管委员会委员。

吴作人鱼水情图轴

1979 年
安庆博物馆藏
纵 72.3、横 53.1 厘米
2015 年 10 月黄浩同志捐赠

纸本，设色。绘池塘金鱼，图中水草数株，浮萍点点，金鱼四尾。利用墨色和颜料浓淡的变化，表现出景物的空间感。画中虽无一笔画水，却满纸水意，四尾金鱼形神兼备，素中见艳，栩栩如生。作品风格简洁凝练，艺术表现力超群。署款“黄镇、朱霖同志属正。一九七九年。作人”，右上钤“鱼水情”朱文印，款下钤“吴作人”朱文印。

吴作人（1909~1997年），祖籍安徽泾县，生于江苏苏州。早年就读于上海艺术大学和南国艺术学院，后师从徐悲鸿。曾任中央美术学院院长、中国美术家协会主席、中国文联副主席等。擅油画、中国画，风格高迈雅逸。有《吴作人画集》《吴作人速写集》等。

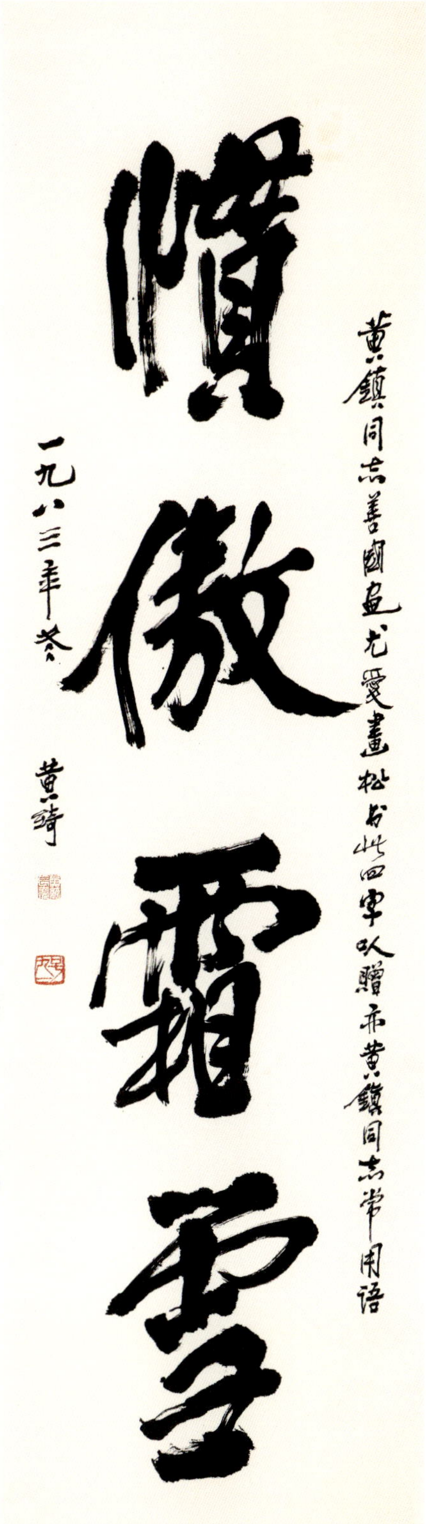

黄绮行书“惯傲霜雪”轴

1983 年
安庆博物馆藏
纵 104.6、横 58.4 厘米
2015 年 10 月黄浩同志捐赠

纸本、行书。为“惯傲霜雪”四字。上款“黄镇同志善国画，尤爱画松。书此四字以赠，亦黄镇同志常用语”，落款“一九八三年冬，黄绮”，钤“黄绮长寿”白文印和“号九一”朱文印。

黄绮（1914~2005年），号九一。安徽安庆人。书法承其家学，真、草、隶、篆皆有风格。其行书大胆突破前贤，界于篆隶、汉魏、行草之间，人称“黄体”。兼工篆刻、绘画、诗词。从事教育事业半个世纪，桃李遍海内。作品多次参加海内外重大展览。此轴为黄绮1983年为时任文化部部长的黄镇同志所书。

黄镇设色熊猫图轴

1985 年
安庆博物馆藏
纵 122.5、横 72 厘米
2015 年 10 月黄浩同志捐赠

纸本，设色。绘两只大熊猫嬉戏于松树之上。松树枝干粗壮，虬然多姿，枝叶纷披。熊猫相对顾盼，憨态可掬。通过色彩的晕染表现出熊猫皮毛蓬松的质感和虚实的空间感。画面虽满密，却层次分明，虚实有度，整体既沉稳庄重又不失活泼。署款“熊猫图。一九八五年。佩卿存赏。黄镇”，款下钤“黄镇”白文印，左下钤“笔歌墨舞”朱文印。

黄镇（1909~1989 年），安徽桐城人。曾就读于上海美术专科学校和上海新华艺术大学。1931 年参加中国工农红军，1932 年加入中国共产党。曾任晋冀鲁豫野战军第九纵队政委、中央军委总政治部第一室主任。中华人民共和国成立后，曾任外交部副部长、中宣部第一副部长兼文化部部长、对外文化联络委员会主任等职。在中共十二大、十三大分别当选为中共中央顾问委员会委员、常委，是中共第九至十一届中央委员。擅书画，出版有《长征画集》。此轴为黄镇同志为夫人朱霖同志所作。

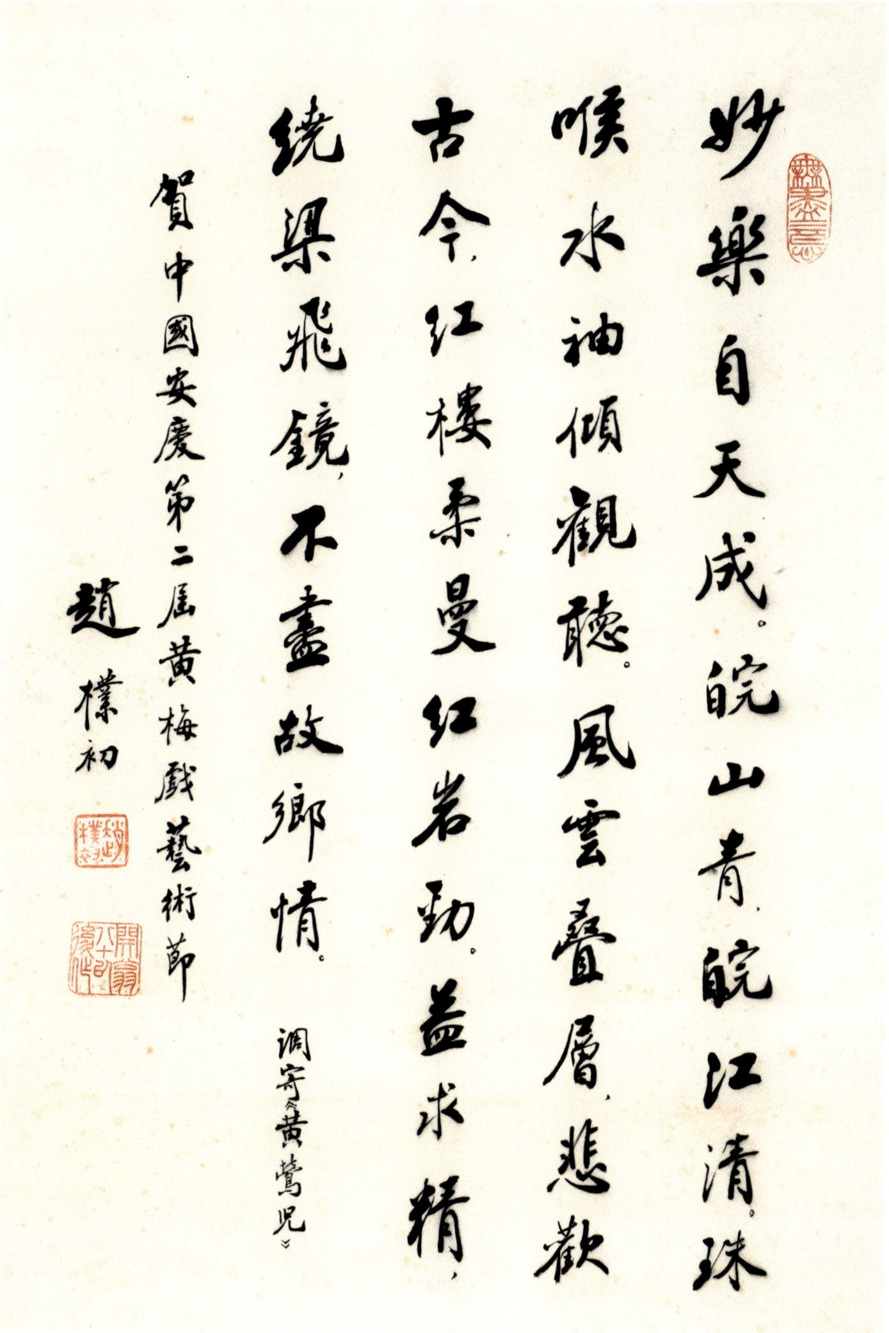

赵朴初行书条幅

1995 年
纵 67.7、横 45 厘米
安庆市档案馆藏
1995 年赵朴初先生书赠

纸本，行书。《黄莺儿》词一首："妙乐自天成，皖山青，皖江清，珠喉水袖倾观听。风云叠层，悲欢古今，江楼柔曼红岩劲。益求精，绕梁飞镜，不尽故乡情。"署款"调寄《黄莺儿》。贺中国安庆第二届黄梅戏艺术节。赵朴初"。左上钤"无尽意"朱文印，款下钤"赵朴初""开翁八十以后作"朱文印。

赵朴初（1907~2000 年），安徽安庆人。著名社会活动家、宗教领袖、诗人、书法家，曾任全国政协副主席。著有《片石集》《滴水集》《宽心谣》等。善书法，以行书见长，其书结构严谨，书体端庄秀逸、劲健雍容。此条幅为 1995 年秋，赵朴初为贺家乡安庆举办中国安庆第二届黄梅戏艺术节而填词并书。

杂项

Sundry

Cultural Relics
in
Anqing

单面乳丁纹琉璃璧

战国时期
安庆博物馆藏
直径 8、孔径 3.5、厚 0.2 厘米
2011 年 4 月安徽省安庆市圣埠战国墓出土

琉璃质。正面饰交错排列的乳丁，内外均有缘，背面光素无纹。整体呈浅绿色。

琉璃珠

战国时期
潜山市博物馆藏
最大径 2.1、高 1.7 厘米
1993 年 5 月 23 日安徽省安庆市潜山县彰法山石油库东出土

琉璃质。圆柱形，中间有可以贯穿佩戴的圆孔。表面有九颗蜻蜓眼，每个蜻蜓眼中心呈蓝色，略鼓凸，周围是蓝白相间的同心圆。

金郢爰

战国时期
安庆博物馆藏
长 3、宽 2.8、厚 0.4 厘米
1978 年 11 月工商银行安庆支行价拨

金质。不规则梯形。钤有三枚篆书“郢爰”戳印，边缘有明显刀切痕。成色92%。郢爰为楚国金币，据《史记·楚世家》载，楚考烈王二十二年，迁都寿春（今安徽寿县），称为“郢”，“爰”即古金名。

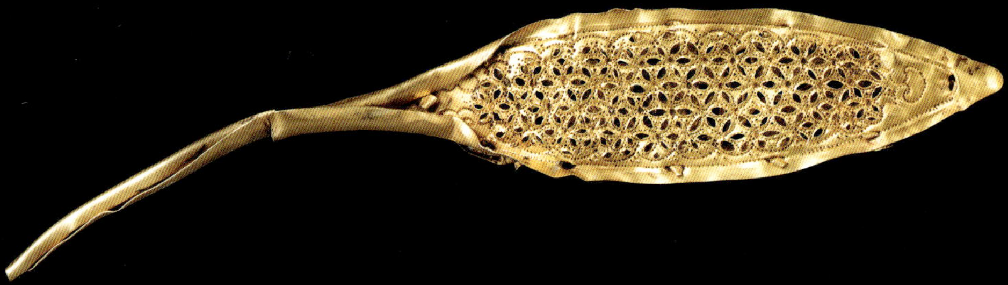

花鸟纹金簪

宋代
安庆博物馆藏
通长 14、宽 2.3 厘米
1978 年 11 月工商银行安庆支行价拨

主体呈菱形，由上下两层组成。上层镂雕枝叶繁茂的蒲草，上有三只水鸟，或俯身整理羽毛，或在草间觅食，或昂首啄弄草叶。下层镂雕图案化的莲花纹，花瓣形镂孔边缘均饰戳刺的连珠纹。上下两层之间由小金片制成的榫卯连接固定，下层金片末端延长并卷为管状，形成簪柄。成色 60%。此金簪制作精致，采用了錾刻、锤揲、镂雕等多种工艺。纹饰布局繁密，栩栩如生，充满野趣，体现了较高的工艺水平。

“弟子张原捨葬”金舍利函

宋代
岳西县博物馆藏
长 6.6、宽 3.1、高 1.9 厘米
2012 年 3 月安徽省安庆市岳西县温泉镇资福村资福寺塔地宫出土

长方形。由金片折成的函盖和函身套合而成。盖顶平坦，盖内有戳刺铭文“弟子张原捨葬舍利金函”。出土时内置舍利子四枚。

资福寺始建于北宋，明代废圮，清道光二十四年（1844年）重修。2012年3月，安徽省文物考古研究所和岳西县文物局对资福寺塔地宫进行清理发掘，共出土石函、金舍利函、青瓷净瓶、鎏金佛像等文物十六件，北宋铜钱二千六百余枚。

张九进等造银舍利函

宋代
岳西县博物馆藏
长 7、宽 10、高 5.8 厘米
2012 年 3 月安徽省安庆市岳西县温泉镇资福村资福寺塔地宫出土

长方形。由银片折合而成，函盖和函身以子母口相套合。盖顶呈台状隆起，有铭文“弟子张九进与男源孙等造银函一只，盛佛牙佛骨舍利，己卯岁次季夏置”共二十九字，其中“弟子”二字为戳刺而成，其余二十七字为刻划而成。出土时内置佛骨一截、佛牙一颗。此银函有供养人姓名和纪年信息，出土时与“弟子张原捨葬”金舍利函共置于方形石函中，为研究佛教舍利瘗葬制度、资福寺的历史沿革以及安庆地区佛教文化的发展提供了珍贵的实物资料。

“僧净修置”银舍利函

宋代
岳西县博物馆藏
长 11、宽 3、高 5.5 厘米
2012 年 3 月安徽省安庆市岳西县温泉镇资福村资福寺塔地宫出土

长方形。由银片折成的函盖和函身套合而成。盖顶平坦，盖面戳刺有双勾铭文“舍利函僧净修置”。出土时函内舍利已朽。

—

“出门税”款银铤

宋代
安庆博物馆藏
长 12.3、两端宽 5.7、腰宽 5 厘米
1978 年 11 月工商银行安庆支行价拨

扁平状束腰形，两端圆弧。正面上部左右两侧各有压印戳记一行，文曰“李员□”。下部左右两侧也各有压印戳记一行，文曰“出门税”。“李员□”三字由于笔画重叠错位不易辨识。背面有大小不等的蜂窝状孔。在宋代，城门是征收商税的重要关卡。“出门税”即出城门时缴纳的税款。“出门税”银铤为南宋时期特有的商税银铤，大多出土于淮河两岸的河南、江苏、湖北、安徽等地。

金冠

元代
安徽博物院藏
长 13.7、宽 9、高 4.4 厘米
1956 年安徽省安庆市棋盘山路范文虎夫妇墓出土

椭圆形。用大小五块金片压模扣合而成。顶部近如意形，两旁有固定发髻用的穿眼，底面有套发髻用的大方孔。满饰缠枝花纹，内填珍珠纹。每个花朵中间均有镶嵌珠宝的孔眼，珠宝虽均已脱落，但痕迹尚存。制作考究、华丽，是研究元代首饰的重要实物资料。

鎏金文会图银盘

元代
安庆市文物保护中心藏
直径 16.7、厚 0.1 厘米
1977 年征集

通体鎏金。圆形。窄沿上卷，浅腹，平底。口沿饰一周花卉纹，内底满刻文会图，中心为高浮雕的灵芝盆景。文会图分三层，最底层以花草为地纹，錾刻细腻，纤毫毕现。中间一层为浅浮雕的栏杆、芭蕉等景物。最上层为高浮雕人物，共二十人，其中十六人为文士，四人为仆从。文士们有的弈棋，有的观棋，有的倚栏，有的交谈，形态各异，刻画细腻。盘内底边缘竖向錾刻“王福壹作”四字。

铜鎏金释迦牟尼像

明代
安庆博物馆藏
宽 10、通高 12.3 厘米
1983 年 5 月安徽省安庆市文物商店拨交

通体鎏金。为藏式释迦牟尼成道像。释迦牟尼螺发饰蓝彩，头顶有高肉髻。面部圆润，耳垂肥大，两眼俯视。结跏趺坐，左右手分别施禅定印和触地印。身披袒右肩的袈裟，衣饰薄透。三角形磐石座，底面阴刻藏传佛教法器十字宝杵纹。

铜鎏金文殊菩萨像

明代
潜山市博物馆藏
宽 21.1、通高 33.5 厘米
1983 年征集

通体鎏金。为文殊菩萨结跏趺坐于三角形莲花宝座上。菩萨丰肩细腰，头戴璎珞宝冠，耳垂肥大，饰圆形耳坠。身穿袒胸天衣，胸前佩戴璎珞珠饰，双肩饰花，飘带垂于两侧。左手执经书置于腿上，右手悬空。莲座正面饰仰覆莲瓣，背面为素面施红彩。佛像面部、宝冠、璎珞等部位亦施红彩。

“天朝圣库”砝码

清代
安庆博物馆藏
腹径 8.8、高 5.2 厘米
1985 年 9 月 15 日安徽省安庆市龙山路中段工地出土

生铁浇铸，外包黄铜。整体呈扁圆鼓形。顶面和底面平整。顶面有三行阴刻楷书铭文，右侧为“校准”，中间为“天朝圣库”，左侧为“库砝”。底面正中阴刻直行双勾楷书“伍拾两”，左侧阴刻直行小字“寿春右营”。该砝码是迄今发现的唯一一件太平天国时期制造的度量衡标准器，它的出土填补了太平天国时期关于度量衡制度的实物资料的空白。

箕形石砚

宋代
望江县博物馆藏
长 15.4、上宽 9.1、下宽 10.2、前高 3、后高 2.8 厘米
1985 年征集

灰白色。整体呈箕形，砚首向外弧凸，内墙亦斜凹。砚堂呈斜坡式，坡底形成砚池，砚堂与砚池无明显界线。砚底后部下方有两个长方形足，与砚池底成三足支撑。砚首外墙阴刻虎头纹，两侧砚墙靠近砚首处各阴刻一组卷草纹，画风拙朴，具有民俗风情。

双履端砚

宋代
安庆博物馆藏
长 21.2、宽 19.6、高 3.4 厘米
1983 年 5 月安徽省安庆市文物商店拨交

整体呈长方形。砚面并列开有两个长方形砚堂，砚堂较浅，上方各开一豆荚形深砚池。砚底为浅抄手式，三面留墙，砚底正中留三角形短足。砚为全素面，线条简练，形式古朴，石质坚密细腻，黑色微泛红。

如意池活心砚

宋代
太湖县博物馆藏
长 13.6、宽 8.8~8.9、高 2.5 厘米
1984 年 7 月安徽省安庆地区太湖县城关镇长河砖厂出土

深灰色。整体呈长方形。面平，四周有窄缘。砚首挖如意形砚池，砚堂呈圆枣状，镶嵌活动砚心，可取出。造型简朴大方，制作精巧。砚心石质尤为坚润，易发墨。

石抄手砚

宋代
潜山市博物馆藏
长 14.2、宽 8、高 3.1 厘米
1990 年 9 月安徽省安庆市潜山县牌楼乡金河村学堂湾宋墓出土

青灰色。抄手式砚。整体呈长方形。四周有窄缘，砚池与砚堂连为一体，呈椭圆形，四周饰一周凸弦纹。砚堂呈斜坡式，至砚首处形成深砚池，池内留有残墨，为优质松烟墨。底部斜挖，两侧砚墙末端斜收。

云龙纹端砚

清代
宿松县博物馆藏
长 40、宽 20.7、高 4.5 厘米
1965 年征集

带木盒。砚边框满刻锦地博古纹，砚堂浅挖，近砚首处缓缓加深形成砚池。砚堂与砚池间过渡自然，正中浅浮雕一长方形云龙纹图案，刻画苍龙吐云形象，龙首于云层中显现，口吐如意形祥云。砚底呈三层台式，中间镌楷书七绝一首：“一片花蕉出世尘，匣中依旧水云深。文章自古成知己，磨涅须多不异心。”署款“岭东观察使者陆川庞玙题”，钤“石州”正方形印。石质细润，黑中泛紫褐。

鸳鸯戏荷纹随形端砚

清代
太湖县博物馆藏
长 47.1、宽 36、厚 7.1 厘米
1979 年 3 月安徽省安庆地区太湖县委办公室移交

随石形雕琢而成。圆形砚膛深挖，周边浮雕荷塘，荷塘中荷叶田田，荷花有的盛开，有的含苞待放，缝隙处可见水波。利用砚首荷叶间一处较大的空白设置砚池，砚池边有五只鸳鸯，均作曲颈回首状。石质细腻，黑中泛红，纹饰清晰逼真，构思精巧。

螭龙纹犀角杯

明代
桐城市博物馆藏
长 18.5、宽 11.5、高 22 厘米
1988 年安徽省安庆地区文物管理所移交

整体呈喇叭形。口部宽大，有柄，长方形圈足。一条凸弦纹将纹饰分成口沿与腹部两部分。口沿部分上方内外各饰一圈阴刻回纹为地纹，并浮雕四条螭龙为主纹，龙尾分叉内卷。螭龙姿态各异，极富动感，或匍匐于口沿下方，或攀爬于口沿之上。杯腹纹饰分为三层，底层阴刻回纹，中层为阳刻的勾云纹和如意卷云纹，最上层为三条等距分布的纵向凸棱，每条棱上饰五个方枚，方枚各饰“米”字纹、菱形纹等。杯柄上方亦浮雕两条螭龙。圈足饰一圈凸棱，凸棱上饰阴刻回纹。此杯纹饰繁复、层次丰富，将圆雕、浮雕、阴刻等手法融于一体，体现了较高的工艺水平。

教子图竹雕香筒

清代
安庆博物馆藏
口径 3.9、底径 3.9、高 7.4 厘米
1978 年征集

运用留青、平刻、浮雕、高浮雕及透雕等多种技法雕成。背景为庭院，其间桐树、松树枝虬叶茂，另有假山、栏杆等。共雕刻四个仕女和十六个孩童。四名仕女一在案前提笔作书，一持如意，一持笙，一怀抱一孩童。余下十五个孩童有的读书、有的放鞭炮、有的捉迷藏、有的打锣嬉戏。雕镂精湛，刻画细腻，人物形象生动，既是一件实用品，也具有较高的艺术价值。

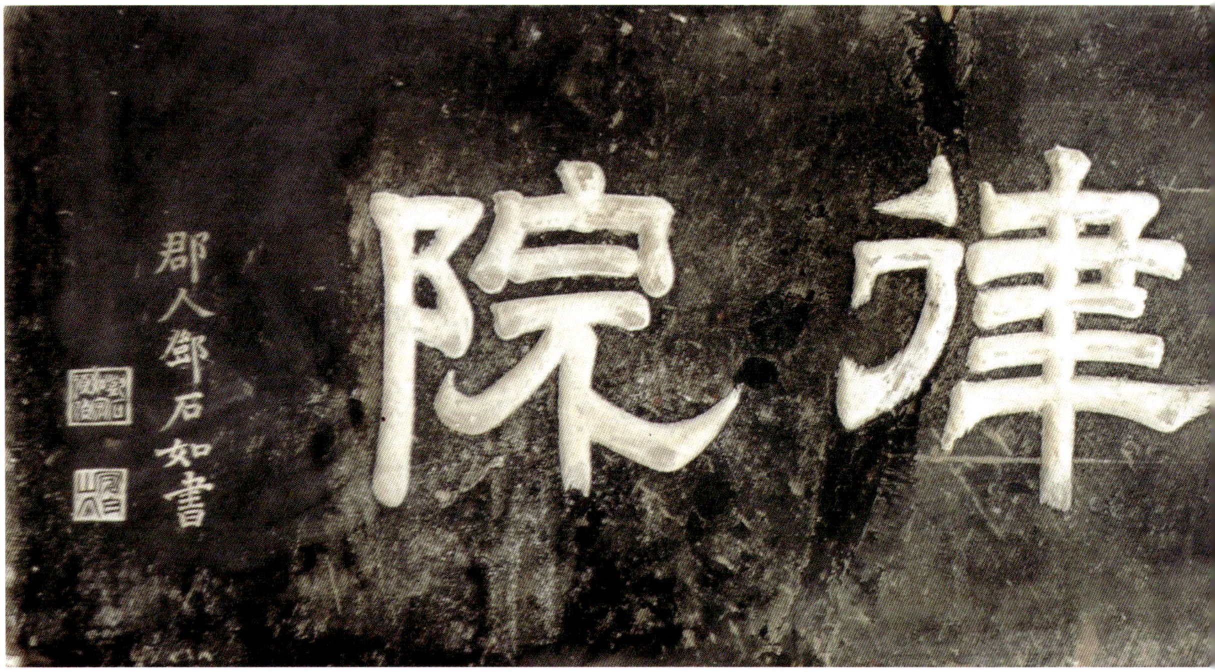

集贤律院隶书石门额

清代
安庆博物馆藏
长 157、高 40.5、厚 11 厘米
1978 年 1 月安徽省安庆市郊集贤关外征集

额中横刻隶书“集贤律院”四字，每字23厘米见方。署款“嘉庆壬戌孟夏月”“郡人邓石如书”，并钤“邓石如顽伯”阳文印和“完白山人”阴文印。隶书朴茂沉雄、风骨挺劲，以篆意入隶。此额为嘉庆七年（1802年）邓石如六十岁时所书。

集贤律院位于安庆古城北门外集贤关旁，邓石如曾于此寄养雄鹤一只，院中僧人兰台尽心照料，并为之取名“佛奴”。邓石如亦捐钱在院旁建“寄鹤亭”，“施茶以济行人”。某日，鹤被安庆知府樊某强掳回府，邓石如为索回此鹤，给樊知府写了一篇长达两千余字，文采飞扬、书法精湛的长信，此即后来广为流传和称颂的旷世佳作《陈寄鹤书》。

嘉慶壬戌孟夏月
集賢

后　记

2020年9月28日，安庆博物馆新馆正式对外开放，在安庆市委市政府大力支持下，安庆博物馆联合市辖各县（市）博物馆，在新馆临时展厅举办了“安庆文物精品展”，首次集中展出了安庆市有代表性的文物精品。展览展出后，社会反响极其热烈。市委市政府决定借此时机，由安庆博物馆牵头，组织编辑出版《文物安庆》一书，旨在通过充分展示安庆地区丰富多彩的历史文物，进一步展示、宣传安庆悠久灿烂的历史文明。

《文物安庆》的编辑出版，既是一次安庆市精品文物的集中宣传展示，也是一次提高市直及各县（市）馆藏文物利用率的积极实践。市委宣传部、市财政局、市文旅局等部门积极组织、推动，安徽博物院、安徽省文物考古研究所、安庆市档案馆以及各县（市）博物馆通力支持，为本书的出版提供了保证。值此付梓之际，谨向他们致以衷心的感谢！

尤其要感谢故宫博物院党委书记都海江和中国社会科学院考古研究所所长陈星灿为本书提供的专业指导，以及文物出版社编辑们的支持和悉心帮助！

编　者